地方改良の要項
【大正元年 第6版】

内務省地方局 編纂

地方自治法研究
復刊大系〔第三五七巻〕

地方改良の要項

〔大正元年 第六版〕

日本立法資料全集 別巻 1567

信山社

地方改良の要項

國家の基礎は、地方自治に在り。地方自治にして其事業荒廢し、其財政紊亂せんか、國運の伸暢、固より期し得へきにあらす。是故に都市村邑の改善を促かして、地方自治の基礎を鞏固にし、之をして健全なる發達を遂けしめんことは、實に國家の最大要務にして、亦實に地方改良の第一義たらすんはあらす。今や日進の大勢に伴ひ、都市村邑の經營すへき事業益〻多きを加へ、或は生産の勸奬といひ、敎化の普及といひ、庶務の整理といひ、財源の涵養といひ、衞生の完備といひ、交通の施設といひ、各種の方面に亘りて、其事項や頗る多端なるものあり。而して之か經營施設をなし、之か指導誘掖をなすは、獨り地方自治當局者の職分たるのみならす、地方監督指導の任に在る者、及地方篤志者の責とすへきもの、亦實に多きに居る。本會亦夙に地方の改良、自治の興振、道德經濟の調和、敎育殖産の連絡を圖るを以て自ら任とし、時に公開講演を催ほし、良書を刊行し、篤志者を奬勵するの外、毎月斯民及斯民家庭を刊行して、地方開發の爲め微力を致すもの、此に年あり。本書『地方改良の要項』は、曩に内務省に於て地方改良講習會を開催せるの際、諸講師の爲したる講演の中に就きて、其要を拔き、交ふるに泰西の趨勢、及我邦地方の實例を以てせるものに繫る。本會乃ち請ふて之を刊行し、以て有志に頒たんとす其自治思想の普及を圖り、兼ねて市町村事務の參考に裨補するもの少からさるは、固より之を疑はす。

明治四十四年十二月

報德會

地方改良の要項

目次

目次終

地方改良の要項

一 自治の本義

一 今日の文明國は、何れも共同の力を以て、同じく共同の力と相對す。是れ現今世界の實狀にして、又實に現今の大勢なり。されば列國の間に立ちて、能く優勝の地歩を占め、益〻國家の進運を盛んならしめんとするには、各地共同の力に依て、一國の實力を進むるの外なきこと、殆んど言ふまでもなき所なり。鄕黨隣里共同して公益の爲めに竭くすことの、何よりも大切なること、亦多言を要せず。

一 共同して國家の爲めに竭くすの道、固より多々あるべし。されど中にも直接其力を致すには帝國議會によりて國家の政務に參與することと、自治制によりて國事に參與することゝの二つを以て、其重なるものとなす。されど立憲政治といひ、自治制といふも、畢竟國民が倶に共に國事を荷ふとの趣旨たるに外ならず。

一　さて共同して國事を擔任すといふ、其れに就いては、事の性質如何により、擔任すべき關係も、夫々異なる所なきを得ざるべし。即ち其事の主として、一地方の利益に關するものは、其利益に對して緊切なる關係を有するものが之を荷ふを以て最も適當なりとす。

一　地方人民をして其地方に於ける共同の利益に屬する事柄を負擔せしむるには、第一、團體の住民中、一定の資格あるものをして、名譽職を擔任するの權利を有すると同時に、又其義務を有せしめ、第二、團體の住民中、一定の條件に當るものをして、納稅の義務を負はしむるを要す。即ち各自の負擔する所の費用と、各自の供給する所の勞力とを以て、地方共同の仕事を處理するが、今日自治制の精神として認めらるゝ所なり。

一　自治制に於て名譽職を擔任するの義務を負はしむるは、憲法上に於ける兵役の義務と同じく、實に自治制の大綱たり。獨逸に在ては、自治體の吏員、其他は公職にあるものが、最もよく其人を得たりとの評あり。是れ名譽職を擔任すといふことが、大切なる一の義務たることを、國民一般に深く感じ、且つ之を以て無上の名譽となすの慣習を成し居るが故なり。納稅の義務に就ても、亦名譽職擔任の義務と同じく、眞に自治制度の一大義務たるや言ふまでもなし。然るに地方に依りては、今尚往々にして滯納の弊あるは、畢竟自治の精神未だ普及せざるにこれ由らずんばあらず。若し市町村住民にして、一般に納稅義務の大切なることを了得するに至らば、自治制の目的は、方に其一半を達し得たるものといふことを得べし。

一　此の如く團體の一員として、各自何れも團體の事を擔任し、又其納税の義務を完ふせんことを要す。是れ即ち己れの利益の幾分を犠牲に供する、所謂推讓の精神に出づるものたり。詮する所公共心といひ、共同心といふも、亦實に是に外ならず。加之、この公共心といひ、共同心といふものが、即ち團體の鞏固なる原因ともなり、又其結果ともなるべし。是の故に團體の基礎鞏固なれば、公共心、共同心も、亦隨つて鞏固となり、公共心、共同心鞏固なれば、團體も亦隨つて鞏固となるべし。

一　今日自治體の經營すべき事業が益々增加するに伴ひ、團體員の負擔も亦愈々多きを加ふるは、免るべからざるの趨勢たり。隨て基本財産の造成に勉め、豫め之に應ずるの計を爲すは、極めて必要の事たり。

殊に部落有財產の統一は、啻に自治體の財政を鞏固ならしむるのみならず、更に之に依て、町村住民の精神を統一せしむる有力なる一の手段たるべし。隨つて之が統一に就ては、先づ町村民をして其必要と及び自治制の本旨とを了得せしむることを要す。

一　自治體の監督に就ては、深く自治制の精神の存する所を究め、之を指導して自治制の本旨に副はしむることを要す。卽ち自治體自らをして、是を是とし非を非とし、苟くも非ならば卽ち之を改めしめ、其是とすべき事は、卽ち進んで之を爲すの自覺を有せしむるを要す。是れ實に監督上極めて必要の事に屬す。

一　畢竟名譽職をして、自治體の事務を擔任せしむるは、國民をして自ら治めしむとの意に外ならず。卽ち地方に於て名望あり、資產あるものをして、其業務の餘力を擧げ、進んで公共の事務に從はしむるは、獨り其事務に屬する各種の利害を、最も痛切に感ずる所よりして、其心常に人民を離れず、隨つて人民の利害休戚を最も善く了解する所あるべきを以てなり。

一　治者は己れを被治者の地位に置き、被治者も亦己れを治者の地位に置き、相互に同情を以て、事件を判斷することを要す。自治體にありては、殊に然りとなす。

一　監督に就て注意すべきは、先づ事務の整理をなすに在り。事務を整理せずして、事業を起さんか、偶ゝ以て混亂を來すの基となるべし。此の故に市町村の事業を發達せしめんとするには、先づ其事務を整理せざるべからず。

二 自治の訓練

イ 精神上并に經濟上の訓練

一 我邦に於て先づ第一に必要なるは、一般に對する精神上并に經濟上の訓練是なり。所謂訓練とは活ける實際の上に於て、人物の養成、事業の丹精、事物の研究等、諸般の經營に練熟することの一切を包含す。今一國を通じて之を見るに、精神上に於ては、國家に對する忠愛の性情を深くすると共に、又能く地方を愛重するの念を養はざるべからず。地方愛重の念は、卽ち是れ愛國心に外ならず。苟くも愛鄕心の存する所には、地方改良の事、必らずや勃然として興らん。言ふまでもなく、聚つては一帝國を成せども、其帝國を成立する所のものは固より市町村なり。故に市町村に於ける元氣と富力とを合すれば、是れ卽ち國家の元氣にして、又國家の富力たり。自治の當局者たるものは、深く思を此に致さんことを要す。元來職務の趣味は、其貴き點に至りては、上下の別あることなし。上へ上へと榮進するは人の好み易き所なるが、下へ下へと工夫して、國の基礎たる市町村を固むることは、更に一層大切の事なれば、地方の人士が之に籠れる趣味を味はんことこそ願はしけれ。嘗て或る軍艦が神戸の沖にて其艦底に破損を生じたることありしが、其際、全艦の人々は、何れも己れの一命を助からんが爲め、競うて上へ上へと甲板上に走り出でたるも、沈着なる時の艦長は只一人下へ下へと行き、必死になりて水の這入る穴を塞ぎ、遂に能く全艦を助けたることあり。日本を一の軍艦と見る時は、僅かに一町一村に失政ありとするも、恰かも軍艦の底に穴の開き居るものと異る所なし。

一 經濟の訓練に就て海外に於ける二三の例を一言せん。獨逸の工業品が盛んに英京に輸入せらるゝに至りたるは、近來の趨勢なり。此の如くにして廉價なる獨逸製の玩具、靴、學校用具等は、自から山を成すの觀あり。是に於てか英國の之が爲めに影響を受くると、極めて大なるものあり。英人中には之が爲めに業務を失ふもの漸く多く、遂には男女數萬、隊をなして大道を練り歩くの椿事を惹き起せり。これ近年屢ゝ聞く所にして、何れも獨逸に於ける工業敎育、實業敎育の普及殊に著しきものあるに由れり。卽ち平素に於ける補習敎育の訓練行屆ける結果の如何に大なるものあるやを知るに足るべし。獨逸人の多年訓練を積んで、其技能を活用するに敏なること、今や列國を驚かしつゝあり、其我邦に對する實例を以て之を見るも、思半ばに過ぐるものあらん。曾て東京製象牙細工の能人形が、恰かも二十圓位にて需用頗る旺なるを見るや、機敏なる獨逸人は直ちに陶器を以て同型の物を造り、而かも五十錢の廉價を以て內國品と競爭したり。尋で人造絹絲を以て、八王子の織物に擬らはしきものを織り出し、僅かに三圓の低價を以て之を賣捌きたるも、獨逸人なり。又一たび愛知縣製の時計が淸國に歡迎せらるゝを聞くや、直ちに同型の物を造りて、更に支那向きの意匠を加へ、而も廉價を以て之を支那に輸入したるも、獨逸人なり。此の如きの實例は、固より枚擧に遑あらず。念ふに是れ皆工業敎育、實業敎育の獨逸人に普及し、平生の訓練を積み得たるが爲めにはあらざるか。

一　學校敎育に於ても亦地方の實際に必要なる人物を訓練するに、最も注意ありたきものなり。米人カルトン氏は一書を著して、元來小學校は、人間其ものゝ養成に著眼し、農業地に在つては農業に適するの人物を造り、工業地に在ては工業に適したるの人物を造るべき筈なるに、米國に在つては、實際と學校との連絡を缺ぎ、小學教育の地方産業に對して裨益する所甚だ疎なる旨を痛論せり。獨逸は之に反して農業、工業の駢進に努め、重きを補習教育に置き、教師を養成するの場合にも、必ず農村に歸らしむとの條件を附して、之に學資を給與し、工場を造るにも、成るべく大工場を都會に其全體を中集せずして、寧しろ之を農村に散布せしめ、農家の副業としてあらゆる工業品を製作せしむるの方針を採れり。此の如くにして農工業の互ひに併立繁榮すべき策を立てたる結果、工業いかに旺盛となるとも、之が爲めに農業の衰ふる如き事なく、却て其繁榮を助け、著るしき農作の增收入を示せり。獨人訓練の效果其れ著しと謂はざるべからず。

一　農村趣味の養成は、各國を通じて、齊しく必要を感ずる所なり。英人ベルケン氏は、英國農村の近年著しく衰へ來りたるの實狀を叙し、農村の青年子女が、一體に農業を嫌ふの風潮を生じたる旨を述べ、殊に少しく教育を受けたる農家の子女が、相率ゐて舞踏好の族となり、都より來る新聞や小説などに眼を曝すことのみに耽りて、養鷄飼牛の業を嫌ふことを告げ、且母親となるとも、己れの乳を以て子供を育つるもの甚だ稀にして、概ね惡牛乳をも顧みずして、之を與ふるを常とするが爲め、子供の多くは顔蒼めて胸膈狹く、活人物として役立つべくもあらずといひて、痛く攻撃し居れり。是れ皆子女訓練を誤りたるに基因す。我邦に於ても曩きに新潟高等女學校の職員が、生徒に對して各自の希望を問ひたることありしに、何れも清少納言の如くならんことを欲すと答へたりと聞く。又埼玉縣某高等女學校を卒業せる農家の娘が、隣村に於ける一地主の長男に嫁する際、夫婦共農業に從事せざるやうにして貰ひたしといふを條件とせりとか、之を聞きたる篤農家は憤慨して語れり、我邦の子女にして疾く此迷夢を去らずんば、英國妙齢の婦人が、生活の途を失ひ、無職者の團體に投じて狂奔するが如き、憐むべき境遇に陷るならんと。此れ豈に杞憂といふべけんや。

之に反して女子に相當の訓練を施すときは、家を興し國を興すに於て、大なる助となるべきや疑なし。鹿兒島高等女學校の生徒は、一般に勤勞を好むの氣風を成せり。故に學校園を造りたる際の如きは、若き女生徒ながらも、肥料を運搬することをさへ敢て意に介せざりしといふ。曾て茶話會を開くに當り、教師の臨席に先じて互に雜話をなしつゝありし際、ふと日本が外國債貳拾億を有する事が話頭に上りたり。『若し此外債を脊負ひつゝ、此上更に國難に遭はゞ、皇國は爲めに非常なる窮況に陷るべし。婦人の內職にして、外國債の償還をなすに、幾分の効用もあるものならば、各自も今より一層勉强して、內職とすべき仕事を習ひ置くこと肝要なるべし。之を先生に伺はん。』とて、相談し居れるを、校長仄かに聞きて爲めに深かき感に打たれたりといふ。河原京都府立第一高等女學校長は遙かに之を傳聞して、維新前後幾度か兵亂の裡に處し、具に艱難辛苦を嘗めし薩摩隼人の家庭に育て上げられし子女の量見だけありて、流石に面白き所ありと稱揚せられたりといふ。是精神上の訓練を受けたるもの丶、他と異なれる一例に數ふべし。

一　米國に於ても近年農業を輕んずるの風漸く行はる丶に至るや、此狀を見て殊に慨歎する者多し。今試みに亞米加利の現狀を見るに、農村を賑すべき青年は、陸續として都會に出で來り、或は自働車の運轉手となり、或は街鐵の車掌となり、漸く都會華奢の風に染みて、遂に其一生を誤るもの多し。既往三十年間に農民の數四分の一を減じ、一億を超ゆる亞米利加人の中、農業に從事するもの、僅かに四千五百萬人を算し得るに過ぎず。今日の趨勢よりして之を推せば、農民の數は更に三分の一を減じて、三千萬人となるの日も亦遠きにはあらざるべし。現に紐育州丈にても、農作地の賣物二萬筆あり。地主は概ね都會に住して全く地面を小作人に一任するのみ、隨て萬般の手入も、不親切にして、地力爲めに消耗し、其價格も亦日々に下落しつゝあり。今に於て農村挽回の策を講ぜずんば、遂に羅馬の覆轍を踏むに至らんとは、是れ米國大北鐵道會社の社長なるゼームス、ヒル氏が、其農業論中に反覆痛論せる所なり。

一　國富の保存といひ、遺利の開拓といひ、是れ亦國民一般を通じて經濟上の訓練に俟つこと多し。ルーズヴエルト氏は、前年米國大統領の椅子を退くに先ち、敵味方の有力家を會して、自己の意見を述べたることあり。其際米國は九百萬町歩の山林を棄てゝ顧みず、又河沼、溜池等を更に利用せずして、水の十分の九が、たとひ害を爲すとも更に何等の益を爲さゞるの例を擧げ、之が保存と、之が利用とに關して、痛切に共同一致の研究を望みたりといふ。我邦に於ても、府縣郡市町村の中に就て之を見るに、棄てゝ顧みざるの遺利、果して之なきや否や、宜しく利用すべくして、未だ利用せられざるものはなきや否や、此等の點に對しても、共々に注意する所なかるべからず。植樹せざるの山、養魚せざるの溜池、整理せざるの耕地、教育せざるの子弟、副業を顧みざるの婦人等は、尚ほ多からざるや否や。此の如くにして速に爲すべく、又爲さしむべきの事業が、今尚ほ其儘に放棄され居るものあるべし。此等を算し來れば固より甚だ多かるべし。幸ひにも地方の人士にして、夙に意を此點に用ゆるものあり、宅地の棄てあるを見ては、柿苗、桐苗等を植ゑたるの報告もあり。子守の利用すべきを見ては、之に養鷄をなさしむることゝしたるもあり。多年放棄されたる禿山に對し、全村の夫役を以て、植樹をなせるもあり。此の如くにして從來棄られつゝありしものゝ、漸次に利用せらるゝは、洵に喜ぶべき事なり。かくて各地共に棄られたるものなき樣にせんと心懸るは、亦是れ經濟上の一訓練なりといふべし。

一　精神上經濟上共に併せて其訓練の行屆き居るは、英國最近の新工夫に成れる田園都市に於て之を見ることを得べし。田園都市の開山と仰がるゝ英人カドバレー氏は、五十年間日曜學校の教師となり、其長歲月の經驗に依りて、貧民の根本より救濟せんには、住宅の改善をなすにあることを信じ、即ち二百五十萬圓を投じてボーンヴィルに約二百町步の土地を買入れ、自ら設計して二「エークル」(四反餘)の土地には、十二戸以上の家屋を建てざることゝし、住宅の前後には、相當の庭園を設け、通路及公園の設備を完成して、總ての職工に住宅を貸與することゝなせり。其家賃は左程に廉ならざるも、從來の細民住宅とは雲泥の差あり。採光通風共に其宜しきを得、周邊には四季折々の花咲匂へり。かくて多年の間、採光通風の足らざるが爲めに健康を損ひ、道德心も自から傷けられたりし職工等も、之を見るや即ち競ふて之が借用を申込み、さては建築家も是等借家の希望者に追ひ立てらるゝの有樣となれり。職工の側より見るも、從來我家に歸るといふことが、殆んど地獄に入るの感ありし位なりしに、今は是等の樂しき住居に休息することを得て、爲めに其心を快活にし、翌日更に力を入れて勞働に從事することを得るに至れり。之が爲めに勤勞力も自から從來に倍加して、職工の收入も爲めに増加するに至りしのみならず、工場主も亦之が爲めに至大の利益を得るに至れり。されどカドバレー氏は、たとひ之が爲めに大金を投じたりといへども、聊かも之に依りて自己の利益のみを考ふることをなさず、後には之を財團となして、借家より生ずるの利益は、總て之を事業擴張の資に充つることゝなせり。幸ひ日本には、採光通風の甚しく宜しからざる如き住家は稀なるが故に、今日直ちに英國田園都市の如き大計畫に倣ふの必要なかるべきも、娯樂の方法を改善して、工業の益ゝ盛大となる時の準備をなすには、少からざる參考となる事なるべし。

一　更に新なる大工夫に依りて、都市と農村との長所を採り、之を調和せんと企てたるは、倫敦を距ること西北三十四哩リッチウオースの地に於て、ハワード氏の經營したる田園都市是れなり。リッチウオースはもと幾百町歩といふ廣漠なる原野の地なりしが故に、從來は牧場地として使用せられたりしに、ハワード氏は、先づ此地の一部を劃して、之を市街區となし、更に之に接して廣袤恰かも市街區に倍するほどの村落區を配置し、其附近には大小合して五十町歩の公園を設け、此の如くにして、一の新たなる都會をなさしめたり。因て水道下水の設備をも完成せしめ、瓦斯電氣の供給をも充分ならしめて、一も石炭の使用を許さず。故に亦煤煙の天を蔽ふものあることなし。されば職工等の業を終へて家に歸るや、從來は家に歸りても、尚且工場の烟突を望み、晝間の勞苦を思ひ浮べて、何となく不快の感を抱きたりしに、今や全く工場を忘れて、天然の美華に眺め入ることを得、心身も爲めに潔めらるゝに至りたり。加之、娛樂の機關としては、文學會、音樂部、講演會、演藝會、運動會、水泳場等、約七十程あり。ハワード氏其人さへ六十餘歳の身を以て、親しく演藝者の仲間入を爲すこととすらありといふ。輯睦の情掬すべきものありといふべし。今此地區に現在する商店の數を見るに四十五あり。工場の數は合せて二十四五を算し、職工の數實に一千人の多きにあり。若し此精神を我邦に移して、將來不毛の地を開拓することあらば、其國民を利益するもの、固より至大なるものあるべし。

ロ　教育に依る訓練方法

學校と社會教育

一　學校をば如何にもして、土地の人々を訓練するの場所に充てたきものなり。耳新しき話は、紐育に於て學校活用委員を設けたることなり。そは學校の如き大なる建物を、夜間なり日曜などに、其儘捨て置くことを惜み、委員をして之を利用せしめむとするにあり。我邦に於ても、昔時より心學道話の盛なりし岡山縣の倉敷に在ては、大原孫三郎氏が義金を出し、日曜毎に名士を聘して講話會を開けるあり。又東京の小學校に於ては、貧民講話を始め、名士の有益なる講演に引き續きて、講談等をも混へ、鋭意衆民の指導に努め居れり。

一　學校を利用して、下婢教育を行ひ、其成績宜しきもの、新潟、長岡二市の如きは稀なり。同地にては夫人達が、其下婢の教育せらるゝを喜ばざるはなく、中には夫人自ら之に加はらんことを願出づるものさへ之あり、是も一堂の中に在て、同じく教育を受けつゝありといふ。

一　夜學は亦各地に其例あり。大抵皆然らざるなし。然るに獨り朝學校を以て有名なるものあり。香川縣丸龜の鷄鳴學館是れなり。寺の住職に篤志なる人なり。町の青年中、夜仕事のある者、又は郵便脚夫等の爲めに、毎朝四時より此學館に於て教授をなし居れり。神戸には朝學校も夜學校も共に之あり。朝學校の成績優等なるは、元町なる市立商業補習學校にして、夜學校の成績優等なるは、湊川小學校の附屬是れなりといふ。この學校にては袴などを用ゐず、印半纏の儘にて授業の席に列し居れり。東京高等工業學校附屬の夜學徒弟補習科は、同校長手島精一氏が非常なる苦心の結果に成れるものなり。左官の子弟には左官の術を敎へ、大工の倅には大工の技を敎ゆ。隨つて其效果最も著るしきが如し。

一　學校の移殖事業といふあり。是れは例へば織物の敎師が、織物の產出地方に出張して、之に關する講話講習をなし、染物の敎師が染物產出地方に出張して、其工場の實物に就き、一々敎育を爲すの類をいふ。此の如きは歐米に其例固より乏しからず。手島高等工業學校長の談に據れば、德島縣工業學校が此趣旨に依りて、巡回敎授を始めたるに、其效果極めて著しきものありといふ。

學校と公共心の養成

一　市町村に於て租税滯納の多き場合などに際し、往々學校の先生より其子供に話して貰ひ、之が爲めに滯納の弊自から止むに至りし例も少からず。就中感服するに餘りあるは、滋賀縣某處の生徒にして、親の滯納し居ることを聞き、毎夜竹細工の內職を勵み、親に代りて其稅金を納めたること、卽ち是れなり。

一　公共心養成の一方法として、産業組合の練習を爲さしむるも、亦其一法なるべし。前橋の師範學校生徒は、一切の消費物を共同にて取扱ひ、其代金の如きも各自之を受取函に納め、自から函中に就きて、相當の釣錢を取行くことゝなし居るとの事なり。されど未だ曾て一厘の間違ひを生じたることさへ之あらずといふ。

學校と愛鄕心

一 戰死者の墓に參拜することは、戰爭の當時に於て一時頗る盛んなりしも、年々衰ふるの傾あるは、已むを得ざる事なり。之を慨したるものにや、奈良縣の某所には、日本海々戰の記念日を刻し、放課後を以て生徒を引率し、村內戰死者の墓地を參拜することゝなせり。斯くの如くにして少年の時より戰死者を尊重するの風を成さしめ、小學生徒をして、更に墓前に花卉を培はしめ、掃除手入をなさしむることゝせば、今一層趣味多き事なるべし。地方に功勞ありし先人に對しても、亦同樣にしたきものなり。

一 山の手入、補植等の場合にも、小學校生徒をして進んで之に從事せしむるは、愛鄉心を養はしむるの良法たり。長野縣小縣郡殿城村少年愛林會の如きは其一例なり。此等の少年はたとひ幾年他鄉に遊ぶとも、一たび歸り來らば、必らずや山河歡び迎ふるの感、一層の深きを加ふるものあるべし。

町村民の愛校心

一町村民の養成に就ては、學校程其世話を燒くものはなし。されば學校を親類の如く考ふべき筈なるに、事實は之に反し、嫁を貰ひ養子を迎へ又は親の年忌などに際するも、學校といふ親類を招くことなし。只之を招く方法なきを以て、斯かる場合には一人分の御馳走代を學校の基本財産に寄附することゝなすは、亦一の好良方法たるを失はず。三重縣一志郡鵲村々長の創意したる所は、即ち此點に存せり。

三重縣一志郡鵲村學校基本財産蓄積規約

第一條　學校は吾人子孫の智能を啓き品性を磨き國民として有用の人物たらしむる恩師なるを以て親戚の最も重きものとして取扱ふものとす

第二條　出生及婚姻(貰方のみ)の場合には學校を親戚の一人として必す

招待するものとす

第三條　學校に供ふる膳部は其代價を見積り之を封金として左の金額を供膳するものとす

出産一人前　金拾錢以上

婚姻は縣稅、戶數割、貧富等級に依り左の區別に依ること

自一等至五等	金一圓五錢以上
自六等至十等	金七拾五錢以上
自十一等至十五等	金五拾錢以上
自十六等至二十等	金參拾五錢以上
自廿一等至廿五等	金貳拾參錢以上
自廿六等至廿九等	金拾錢以上
等外	金拾錢以下

第四條　學校に供せし膳部料は招待の當日大字總代へ差出すものとす

第五條　大字總代に於て前條の膳部料を受領したるときは其招待の名目と施主の住所氏名を書し之を所屬小學校長へ送付するものとす

第六條　前條膳部料を受けたる小學校長は毎月十五日及末日の兩度に取纒め仕譯書を添へて之を所轄村長へ送附するものとす

第七條　村長は該膳部料を郵便貯金として五拾圓以上に達するときは之を公債證書に換へ遞信省に保管預けとするものとす

第八條　本規約に依り得たる基本金は本規約施行の日より二十ヶ年間元利共使用せす滿期に於て之を村會に諮り處分するものとす

第九條　此申合規約は明治四十二年六月一日より實施するものとす

教師と地方研究

一　小學校の教師は學校の先生にして、又地方の先生となるべき人なれば、地方の研究を爲すこと最も必要なり。家族なるものを解せずして、家族の一員を造り上ぐること能はざると同樣、市町村を解せずして、市町村民を造ること能はざるやいふまでもなき事なり。大阪府天王寺師範學校長村田宇一郎氏の實驗談に據れば、東成郡生野村の疲弊甚しきに際し、同校生徒をして、生野村に於ける資力と生産消費との關係如何を調査せしめ、且其由來を研究せしめたるに、一村六百戸の中、一家の經濟能く獨立して、收支能く相償ふことを得るもの、僅かに二十軒に過ぎざることを發見したり。因て其調査し得たる材料を村の有志者に示したるに、疲弊の因て來る所明々乎たるものあるに愕き、爾來申合せて各自に帳面を備へ、必らず收支を記入せしむることゝし、村役場にて之を檢査するの制を立てたり。爾來各戸何れも其分度を定めて、家業を勵めり。從來師範學校の生徒に對して、地方研究の趣味を感ぜしむること少きが爲め、卒業して後、町村の小學校を受け持つ身となりても、唯小學校の中に立籠るを知るのみにて、亦町村に對するの同情を有することなし。此の如き傾向を一轉せしめたきものなり。

青年會の活用

一 青年會員をして好んで地方の事を研究せしめ、又喜んで公共の爲めに盡さしむるの風習を養ふこと、固より肝要なり。之れが爲めには學校林を造らしめ、學校の地均しに從はしめ、道路の修繕等に勞せしむるも可なるべし。又納税切符の調製に與からしめ、或は學校役場其他備品の買入等に手傳はしむるも可なるべし。其他或は町村林の手入をなさしめ、若くは消防の事を擔任せしむる等、之を訓練せしむるには、固より十分の注意を要すべし。福島縣伊達郡立子山村の德成會は、三十五六年の交を以て組織せる青年團たり。其各種方面に廣く訓練の手を擴げつゝあるは、參考とすべきものゝ一なるべし。今其一二の例を擧ぐれば、一村を六區に分ちて、一區に二人の統計主任を置き、各戸の收穫高と消費高とを調査せり、其結果昨年に於て、酒及煙草の消費高が、最も著しく增嵩したるの事實を發見したり。因て之を發表したりしに、之が爲め禁酒又は禁煙をなすものの尠からざるに至れりといふ。

又區長は無報酬にて、各戸より税金を取纏め、之を役場に納入するに依り、之に對して謝意を表するが爲め、青年會は每年一日づゝ區長の農事を手傳ふことゝなし、其他納税切符の書入、訓示達の周知、薪炭の運搬等多人數を要する事柄には、青年會より進んで其仕事を擔任し居れり。

一　娯樂事業の利用

小人閑居すれば不善を爲し易し。去れば歐米に在ては、最も閑時の利導に注意し、之に關するの著書も固より尠からず。殊に獨逸に在ては活氣ある青年をして閑時多からしむるは、其前途を誤らしむるの原因なりとし、内務、文部、農商務三大臣の連署を以て夙に訓令を地方に下したり。彼の有名なるウ井ッテ氏は、露國民が休日每に、何れも飲酒に耽るの惡弊あるを見、之を匡救せんが爲めに酒專賣の制を布き、其純益八百萬圓の半を割きて、地方の娯樂事業奬勵費に充て、併せて圖書館及音樂會をも設けしめ、且文明國の農業に關する各種の良書を翻譯して、之を地方圖書館に頒ち居れり。三重縣の老農辻喜代藏氏の調査に據れば、人間六十歳の壽命を完うするとも、睡眠、食事、疾病、休養の時間を計算して之を差引くときは、普通の家庭に於て、眞に働く時間といふものは、通計二十一年間に過ぎずといへり。閑時を減ずるとともに、閑時を利導する方法に就ても、懇切なる注意ありたきものなり。

八　人格に依る訓練方法

當局者の人格に依る訓練

一　自治の訓練には、先づ當局者の養成が肝要なり。當局者の人格さへ好ければ其れが手本になりて、地方民を自然の内に訓練することを爲し得べし。獨逸に於ては、市町村長の多くは、高等教育卒業の證書を有し、若し地方の長老たる人にして之を占むる場合には、必ず其下に高等教育を受けたる者を配置するの慣例たり。隨て農村の改善、副業の普及等、成績の自ら著しきものあり。我邦に就て之を見るに、現に農學士にして町村長の職に在るもの、今尚ほ僅々二三人に過ぎず。將來此の如き人士の數を增加し、町村長といへば總て農學士法學士なるが如き時代の速に來らんことを望む。隨て之が養成に就ても、豫め考慮し置くが肝要なり。或は町村費を以て、或は有志の醵金等を以て、卒業の上は必ず町村に歸りて見習となり、若しくは町村吏員となるべしとのことを條件とし、此の如くにして農業に關する高等の教育を受けしむるが如き道を開くべきなり。是れ又當局者養成の一方法たるべし。山梨縣中巨摩郡豐村に於ては、校長、校醫、蠶業技術者を養成するが爲め、卒業後必らず歸村すべきを條件として、現に學費を貸與し、一名は高等師範に、一名は醫科大學に、一名は蠶業講習所に各村内の青年を送り出せり。他の地方にも亦此例あるが如し。市町村長の養成に就ては、尚ほ一層の注意ありたきものなり。今豐村の規定を左に掲げん。

豐村學資貸付規程

第一條　本村は將來本村教員、養蠶教師及病院醫の任に當るへきものを養成するの目的を以て修學中本規程により學資を貸付す

第二條　學費の貸付を分ちて第一部貸付生、第二部貸付生、第三部貸付生の三となし左の要件を具備する者に貸付す

一　第一部貸付生　高等師範學校在學者又は入學を許可せられたる本科研究科男生徒にして成績優等なるもの

二　第二部貸付生　東京養蠶講習所在學生又は入學を許可せられたるものにして成績優等なるもの

三　第三部貸付生　醫科大學又は高等學校豫科（醫科大學豫備科に限る）在學生又は入學を許可せられたる者にして成績優等なるもの

四　前各項の外本村在籍者にして身體强壯品行方正なる者

第三條　學資の貸付を請はんとする者は毎年一月十日迄に別に定むる處の願書に履歷書を添へ村長に提出す可し

第四條　學資の貸付は村長に於て出願者の資格要件を調査し村會の議決を經て之を許可す

第五條　貸付生は各部二名以内として左の金額を貸付す

第一部貸付生	一年間	本科生	金百八拾圓以內
同	同	研究科生	金百貳拾圓以內
第二部貸付生	同		金百八拾圓以內
第三部貸付生	同	官立大學生	金參百圓以內
	同	高等學校大學豫科生	金百八拾圓以內

第六條　學資の貸付を受けたる者は左の義務を履行すへし但し義務履行中と雖相當の俸給を支給す

第一部貸付生は高等師範學校卒業生服務規則第二條に定むる義務を終りたる後五ヶ年間引續き本村教育に從事すること

第二部貸付生は卒業後五ヶ年間本村養蠶教師を勤續すること

第三部貸付生は卒業後十ヶ年間本村立病院に勤續すること

第七條　學資の貸付を受けたる者海外留學を命せられ又は病氣缺勤六ヶ月以上に渉りたるときは其日數間前條の義務年限を延長す

第八條　學資の貸付を受くるもの又は受けたる者左の各號の一に該當するときは貸付金全部を一時に償還せしむ

一　第六條の義務に違背したるとき

一　第三部貸付生にして醫科大學に入學せさるとき

一　退學を命せられたるとき又は自己の便宜に依り退學したるとき

一　職務上の義務に違背したるとき

一　裁判所の豫審に付せられ又は刑事裁判に付せられたるとき

第九條　貸付したる金額は第六條の義務終了に至る迄の間に其金額の百分の八十を償還するを以て償還の滿了と見做す

附則

第十條　本規程は明治四十三年七月一日より施行す

師範學校貸費生規程

第一條　本村立小學校教員を養成せんか爲め師範學校本科第一部第二部在學生に修學中本規程に依り學資を貸付す

第二條　師範學校在學生若くは入學を許可せられたる左の資格を有する者には學資を貸付す

一　本村在籍者にして小學校教員に適當なるもの

二　身體强壯にして品行方正なるもの

第三條　學資の貸付を請はんとする者は毎年一月十日限り別に定むる願書に履歴書を添へ村長に提出すへし

第四條　學資の貸付は村長に於て出願者の資格要件を調査し本村會の議決を經て之を許可す

第五條　貸付生は毎年二名以內とし左の金額を貸付す

第一部一ヶ年金參拾六圓以內

第二部一ヶ年金八拾四圓以內

第六條　學資の貸付を受けたるものは卒業後本村立小學校教員に就職

するものとす

第七條　學資の貸付を受くる者又は受けたるもの左の各號の一に該當するときは貸付金全額を一時に償還せしむ

一　第六條の義務に違背したるとき

一　退學を命せられしとき又は自己の便宜に依り退學したるとき

一　職務上の義務に違背したるとき

一　裁判所の豫審に付せられ若くは刑事裁判に付せられたるとき

第八條　貸付したる金額は第六條に依る本科第一部卒業者は勤續年限男子は五年女子は四年本科第二部卒業生は二年を以て償還の義務を完了するものとす

附　則

第九條　明治四十一年十二月二十日公告第二九號師範學校貸費生規程は之を廢止す

篤志家の人格に依る訓練

一　當局者の外、地方の篤志家も亦進んで地方民の養成に心懸けざるべからず。農家經營法の品評會、若くは協議會等は産業の訓練上殊に必要なる施設たり。大地主は其農場を如何に管理すべきか、小作人は如何にして保護奬勵すべきか、此等の方法を品評し、若しくは協議することは、甚だ有益の事たり。近年栃木縣農會の企畫として、農家經營法の展覽會が開催されたるは、洵に喜ぶべき事なり。北部伊太利即ち

ロンバルジーは、南部伊太利に反して、農業上穩健の發達を爲せり。同地方には、伊太利の建國者たるカブールが、都會に在て貴公子の生活を爲すことなく、自ら此地に退いて農場を管理し、農事試驗場を建設したるの地方丈ありて、地方一般の氣風としては、今も地主にして都會に住むもの少し。又土地の銀行は主として農學士を聘し、時々農事懇談會を開き、又は貸付事業の實情を調査して、何呉れとなく指導を與ふることを惜まず、之れが爲めにや養蠶業も著しく發達し、工業

も亦勃興せり。

一 我邦に於て小作人の愛護に勉むるの一例は、愛知縣鎌島新田に住する前貴族院議員蟹江史郎氏の施設是れなり。蟹江氏が其庭園を廣くし、眺望の佳と、花園の美とを具へ、又果樹園の一區をも設くる等、其意を致す所甚だ至れり。是れ一に小作人と其樂を共にせんが爲めなれば、之を小作人の公園に擬して、老幼遊樂の場所に充て、時々此に園遊會の如きものを催して、地主と小作人との融和を圖かるべき一方法となせり。庭の一隅には、信用組合の事務所あり、青年夜學の校舍あり、農作物品評會場亦此處に設けられ、村民の集合も亦こゝにて催さるゝを常とす。蟹江氏の名を聞いて、遠く來れるもの、其風貌に接して、先づ其服裝と勤勞と兩つながら普通農夫と區別なきを見て、益々愛慕の念を强うせざるなしといふ。

一　個人にして村の爲めに盡力し、近く内務省より、奬勵金を授けられたる靜岡縣庵原郡庵原村の片平九郎左衛門氏の如きも、亦篤農家の一人たりといふべし。其父故片平信明氏は、曾て遠く日光に二宮尊德翁を訪ね、親しく其敎を受け、難村復興の法を實行したる人なり。九郎左衛門氏も亦乃父の志を繼ぎて、熱心に居村の振興を圖り、遂に最難村たりし同村をして柑橘の年收現に十六萬圓、養蠶製絲の收入殆ど十萬圓を見るに至らしめたり。又報德社の事業として實行せる造林の反別も八十五町歩を算し、社員には無代にて建築用材を分配するの有様となれり。

二　家庭に依る訓練方法

家庭講話

一　主人は善良なる說話を耳にすること屢々なるも、家婦は殆んど之を聞くの機會に接せず、然れば家族に對して通俗講話會を開催するは、最も必要の事に屬す。近頃農村に行はるゝ家庭講話會の如きは、小學教員、町村長又は警察官などの自ら出でゝ農業の事、租税の事、衛生の事に就き、主婦に分り易く説明するものにて、亦地方改良の一方法たるを失はず。

一　家庭の經濟は細大の事悉く婦人の内助に俟たざるはなし。然れば滯納多き場合には、之を婦人に注意し、貯金の事、産業組合の事等、總て婦人にも了解せしむべきは當然の事なるべし。且其効果も亦意外に著しきものあるが如し。

一　男子のみの進歩を以て、到底歐米に比肩し能はざるを見ては、婦人にも亦講習の必要あるを見るべし。今や養蠶共同飼育の講習、染物織物に關する講習、牛馬耕に關する講習等、此種の實例亦固より尠からず。

一　善行の表彰は、各地婦人會等に於ても其例に乏しからず。外國の例を擧ぐれば、獨逸聯邦の一なるバーデンの婦人會にては、婦人に同情して善行褒賞を行ひ、四十年間勤續したる召使の老女殊に産婆、看護婦、下婢、下男の如き、世間に目立たずして、家の役立をする人々に表賞を與へり。又同地婦人の催にて、少女の爲めに料理の會を開き、其席には賴る邊なき未亡人をも招待して、之を慰むる等のことをなしつゝあり。

六　宗教に依る訓練方法

一　本邦を通じて寺の數は五萬、僧侶の數は七萬あり。若し其一寺に一人の不良少年を引受けて、精神教育に成功せば、今五萬ある不良少年は、立處に絕無となるべきなりとは、宗教局長の常に語らるゝ所なり。

僧侶たる人は、寺に籠城するのみならず、自ら寺を出でゝ人々の爲めに精神上の講話を爲し、又手に適ふ限り、進んで社會の改善に從事せば、其効果や固より著しかるべし。近頃滋賀縣野洲郡などにては、僧侶と神職との合同に成れる農事講習會の催せられたるあり、以て一般地方人民の指導に便しつゝありといふ。

一　神社に依る訓練方法

兵庫縣明石郡に於ては、各町村を通じ、毎年元旦を以て、町村公事の奉告式を町村社の神前に行ふ。これ神社に依れる訓練の方法として、其宜しきを得たるものなるべし。其次第を一言せば、町村長は勿論、議員、區長、其他町村の有力者相集りて、過去一年中の成績を氏神に申告し、更に其歳に於ける行事を相違なく決行せんことを誓ひ、學校教師は校旗の下に生徒を引率して之に列し、式終て神饌を生徒に頒つを例とす。其他入營式、青年會發會式、産業組合報告式の如きも、亦皆神前に於て莊嚴に之を行ひ、參列者をして一種の靈感を受得せしむるものありといふ。又神前に供する神饌の如きに就ても、其意を用ゆる所あり。或は篤農家、青年會、學校園等にて造りたる物を特選して之を神前に供ふ。天長節、紀元節等三大節等には勿論、村の記念日には、亦各神社何れも相一致して相當の式を擧げ、以て互に往來して饗應するの煩を省き、兼ねて人心の歸一を圖れり。或は豫め神饌を取るべき神田を選定して、之を其地方の模範田となすが如き、學校教員が兒童に對して祭神の歴史を訓話し又は其町村の先賢先輩又は名譽戰死者の墓に詣で、境内及び墓側に植樹をなすが如き、何れも精神の修養に資する所少なからず。而かも最も趣味ある方法として見るべきに似たり。

ト　歴史に依る訓練方法

一　先づ第一に町村史の活用を希望す。之れに次ぐは逸事の編纂なり。浩瀚なる長編は完成の時已に訂正追加の必要を生じ、又兒童青年の手にし難きもの多し。歴史家としては色々の方面より詮索したる精密なるものを要するは勿論なれども、利用の方面より觀察すれば、寧ろ其土地の先輩篤志家等の傳記を取り調べ、其活用に依りて趣味を地方の人に與ふる方が、一層有効なるべし。福岡縣浮羽郡の風教史料は、小學校の歴史修身科の材料として、最も可なるものなるべし。逸事の編纂も亦同樣にして、熊本縣小國村に於ける村内の頌德碑、記念の碑文を誰にも讀み易きやう平假名交りの文體を用ひたるは、廣く世人を教ふるの意味に適するものたり。

一　當該地方の由緒ある歴史、逸話を活用して、其地方民の責任を自覺せしむること、亦必要の手段たり。加賀藩五代の賢君綱紀卿は世に所謂松雲公として知らるゝの人なり。其治績中に在て、最も記憶すべきは、移民農業の實行即ち是れなり。近年に至りては、歐羅巴の各國に於ても、貧民救濟事業の一端として所在此事を行はざるなく、我邦に在ても亦現に天災等の事あるに際しては、往々此制に倣ひしことあり。松雲公が實行したる移民農業の一として知らるゝは、加賀河北潟の東邊に移して、都會の貧民を歸農せしめたるもの是れなり。其地を片端新田と稱し、其村落は現に相當の一村として存し、貯蓄金も今や十萬圓に達せりといふ。村の中央に松雲公を祭れる神社あり。之に附屬する寳物は、公が歸住の非人に渡されしといひ傳へらるゝ飯椀と味噌桶との二物是れなり。斯かる趣味ある歷史の存する村なれば、村民の奮發も亦格別なり。されど長き年月の間には、自然に遺忘せらるゝの事なきを保せざれば、固より此の如き歴史は、永く之を保存せざるべからず。四十二年の感化救濟事業講習會ありし際の事なりき。昔松雲公が架せしめたる愛本橋の圖を陳列したり。是れ公が江戸より領邑に歸るの途上、越中黑部川を通過して、出水の爲めに、大勢の者何れも渡河に困難し居れる狀を見、有司に命じて架橋せしめたる所に係る。當時有司は之を諫めていふ、いかに君命なればとて、此河こそ國の要害なれば、是非此儘になし置かれたしと。公は其言を郤けて曰く、金城湯池如何に堅固なるも、人にして護らずんば何の効かあらんと。遂に人民の難義を救はんが爲めにとて、此に架橋をなさしめたり。因て之を愛本橋と名くるに至りしなり。橋の圖には此由來を書き付けられたりしなり。然るに該講習會の當時富山縣より上京せし小學校敎師は、其勤務する學校が恰かも同橋の側にありながらも、今日始めて其橋名の由來を聞くを得たりとて大に喜びたるが、爾來音信する所に依れば、常に之を教育の材料となしつゝありとの事なり。

チ　監督に依る訓練方法

一　監督官廳の指揮監督に依りて難治の町村を整理し、不良の團體を矯正せるものも、亦各府縣固より其例に乏しからず。縣廳、郡衙は固よりの事、地元なる市町村、殊に一たび表彰せられたる團體の如き、人の耳目に顯著なるものに至りては、格別監督を怠るなからんことを希望す。親切熱心を以て監督の事に當り、必ずや整理を遂げざれば已まざるの覺悟を以て著手せんこと大切の事なるべし。

リ　指導に依る訓練方法

一　是は指示獎勵に依るの方法にして、約言すれば自ら覺る樣に導き、又は他より教ふるといふことに歸著す。實際を示して導き、又頼るべき模範を示して、其れに則らしむること最も肝要なるべし。

一　市町村若くは事業視察の爲め、他に出發するものに對しては、監督官廳に於て直接に面會し、其行くべき地と、見るべき要點とを指示せられんことを望む。從來印刷物のみを頼みとしたるが爲め、視察の場所は、調査の目的に適せざることあり。良村其ものゝ要領を豫知せざるが爲めに、眞味を會得せずして歸るものなきに非ず。視察の場所を選擇すること、素より肝要なるも、視察者の心得にして誤ることあらば、遂に益なきに終らむことを怕る。

一　一度表彰を受けたる團體、若くは奬勵せられたる篤志者の如きものにして、自ら安んじて改良を講ずることなきは、往々にして見る所なり。斯の如きものには、他の地方を視察せしめ、之をして更に進んで研究を重ぬるの素地を造らしむること亦必要なり。島根縣の篤農家引野彌太郎氏は遙に秋田縣に赴き、豐川村の篤農家石川理喜之助氏を訪ふ。其家の周りには垣なくして之に換ふるに三年分の薪を蓄積したるあり。土藏には三年間要する分の米を蓄へたるあり。石川氏因て謂へらく、農家に三年の蓄へなければ、そは眞の農家に非ずと聞きたるに、今其行を見れば、全く此言と一致すと。深く其人と爲りに服せりといふ。蓋し石川氏が始めて農事の改良を唱ふるや、當時人或は恒產なき小作人がいかに農事の改良をなしたりとて、何の用をか爲さんとの言をなせしかば、之を聞きたる氏は、乃ち其所有田地を悉く其長子に讓り、自ら小作人同樣の位置に下りて、其範を示めし、身を以て農事改良の效果を示せりといふ。其長男は二十九歲を以て病死し、他に子女なく、一時憂愁に陷りしも、忽ち飜然として悟り、尚益〻出でゝ働くべしとの意味を寓して、爾後其の住宅を尚庵と稱せり。引野氏は目に其實狀を見、耳に親しく氏の說明を聞き、深かく其精神の旺盛なるに感じたりといふ。話して夜八時となるや、石川氏は引野氏に挨拶し、去つて寢に就きたり。然るに午前一時と覺しき頃、神前に拍手するの聲あり。引野氏之を怪みて起出でたるに、青年會の朝學校每朝四時より始まるを以て、石川氏は之より出校するが爲めなりといへり。之を聞きたる引野氏も、亦之に伴ひ行きたりといふ。殊に農家にも樂みを要すとなし、高尚なる樂みは、發句若しくは歌の會に在りとて、家族に歌の會を催さしめ居る事などは、引野氏の殊に感服したる所なりといふ。石川氏の凡ならざるは言を俟たざるも、引野氏の遙かに尋ね行きたるも、亦尋常にあらずといふべし。

一　自治表彰も、亦指導に依れる訓練の一方法たり。兒童にして不就學のものなく、其出席の比例も並に佳良なるの町村に對しては、其點に關して縣廳若くは郡衙より旌表旗を與へ、納稅の成績優良なる場合には、其點に關して優勝旗を交付す。此の如き事例、亦固より二三にして止まらず。群馬縣に於ては四十二年十月の縣令を以て、市町村幷に市町村吏員旌表規程なるものを公布し、優良なる町村に對しては、一年の期限を以て、旌表旗を下付するの制を採れり。四十二年は先づ納稅の成績と、就學兒童の割合及び其出席歩合との二を要點として審査し、因て五箇村を表彰せり。其影響する所を見るに、某村に在ては、就學兒童の成績に於て佳良なるものあるも、納稅の整理不充分にして、旌表に與からざりしかば、學校より進んで納稅整理の爲め、役場に加勢せんと申込みたる如きあり。同縣に於ては、爾來漸次に審査事項を加へ、更に基本財産のこと、特殊事業のこと、青年會のこと等を增して、十二三項に達せしむるの計畫たり。此の如くにして比較を取るが爲め、恰かも學生の試驗に於けるが如き、點數制を採れり。其他各府縣に、賞狀又は賞金を下付するの旌表法あり。此の如きの類、今や各地に之なきはあらず。然れども之が審査に際して、若し能く充分の注意を拂はずんば、往々事務不整理の廉あるを見逃がして、爲めに缺點あるがまゝに、旌表をなすが如きの事なきを保せず。既に旌表したる町村中に在て、數年に渉れる財政上の不始末意外に暴露したるの實例もあれば、審査の任に當るものは、深く此等の點を戒めざるべからず。

一　地方指導の一方法たる講習會、懇談會の計畫等も、是れ亦最も有益なる施設たるべし。隨つて各府縣郡市を通じ、此等の實行せられんことを望むと雖も、徒らに其形式に流れて、方法其地方に適切ならざる如きことありては、害を受くる所固より鮮少なるを免かれざるべし。故に講話には力めて實際の事例を用ふることゝし、成るべく時間を節約して、相互に實驗上の考を交換し、以て地方の發展に資する所あるを尙ぶべし。新潟縣に在ては、近く各郡書記を集めて、第一回の講習會を開きたり、尋で縣下の二郡に於ても、町村長、小學校敎員、區長、村會議員等を集めて、之が講習を了へたり。其結果相互の意思自から疏通する所あり、郡衙施設上の方針も、遍ねく町村の熟知する所となるに至れりといふ。隨て町村長の如きも、其事務と事業とに對して、頗ぶる趣味を感ずること多きに至りたるの形跡あり。是を以て今後も尙ほ此事業を繼續することゝし、各郡を通じて之を開會する筈なりといふ。神奈川縣に於ても亦各郡の首席郡書記を招集して、町村事務全般に涉れる講習會を開き、其際に打合せたる條項と方針とを各郡に齎し歸りたり。各郡は乃ち每月一回若は二回を刻し、町村吏員を交替出席せしめて、町村事務の一部づゝを講習し居れりといふ。

又　協力に依る自治の訓練

一　最終の訓練としては、必ずしも指導監督を俟たず、地方の人々互に一致して決行するより外に、他の術あることなし。即協力によるもの是なり。産業組合の如きも亦此精神に出でたるものゝ一なり。其他協同して組合を結ぶは、皆協力の好實例たり。山口縣豐浦郡の角島なる一漁村は、共同販賣の方法に依て、夙に漁獲物を始末し、其十分の一を積んで、二十年間に基本財産二十萬圓を造成せんとの計畫を立てたり。佐賀縣神埼郡脊振村に在ては、嘗て村長が愛知縣に出張中、川瀨林學博士の談話を聞きて、深く公有林の必要を感じ、因て不要存地林の拂下を計畫したるに、村民相議し、戰時應募せる軍事公債の全部一萬六千圓を提供して、其資に充てしめたり。是れ亦協力の好實例たり。共同倉庫に依りて、産業の助長を圖りたるが如き、其例亦尠からず。滋賀縣蒲生郡鎌掛村の共同倉庫の如き、殊に異常の發達をなせり。其棟數二にして昔の郷倉を利用す、自家用以外の産米は總て此に納め、每年十一月より十二月の間に於て、之を共同販賣に付し、渡すに米券を以てす。之が爲め、米は依然として翌年八月迄は安全に倉庫に保管せられ、轉賣は何れも米券を以て行はる。米券の制は廿年以來の繼續實行する所にして、資本の運轉に資すること頗る大なるものあり。其共同販賣に依りて得たる代金中よりは、先づ各自の負擔すべき公課及諸入費の見積高一箇年分を引去りて之を收入役に託し、殘金を各自に配付すること〻す。地租其他總ての公課は、此の如くにして收入役の手より一齊に之を納入すること〻す。即ち收入役の職に在るものは、一面に於ては村民共同事業の出納役たるものなり。其事業全般の取扱に就ては、正副二名の總代と、一名の倉庫管理人とありて、米券に連署するものも、亦此三人に過ぎず。三重縣阿山郡玉瀧村の共同倉庫も、亦成績の良好なるを以て名あり。もと地主會の企畫に係り、現に某地主の倉庫を使用し居れり。其管理者は産業組合の書記之を兼ねるが故に、米の預り人にして、金員の融通を要するときは、産業組合より直ちに之を貸出し得るの便利あり。富山縣射水郡横田村の共同倉庫も、同じく良好なるものゝ一なり。明治十六年以來實行する所にして、舊藩の納米制度に倣ひ、毎年十一月末頃より、納米方の各小作人に通知すれば、小作人は甲乙地主の區別なく、小作米の全部を倉庫に納め、地主は其必要に應じて、賣却を申込むの制なり。近頃は一歩を進め、貢米一石以上の納米者の中より一定の量を拔出して品評會を開き、其良質なるものには、賞與として農具等を與へつゝあり。

以上陳ぶるが如く自治訓練の手段は、固より一にして足らずと雖も、要は躬行と實踐とに在るのみ。殊に何等かの目宛を定め、若くは期間を定めて、事に著手するあらば、自から實行し易き節あるべし。今夫れ七年の後に來るべき　今上陛下御即位の第五十年は、我國家に取りては此上もなき慶事たること、固より申すまでもなし。若し其時に當りて不整理若くは不振の市町村ありては、洵に相濟まざる次第なり。然れば近年各地に於て明治五十年までに完成せんとの目的を以て、既に地方夫々の大方針を立て、或は郡なり市町村なりの生產力を倍額に上さむことを誓ひ、既に之が計畫の實行に著手したる向もあり。又郡内の各町村をして悉く滯納の弊を根絶せしめんと勇みつゝあるあり。或は教育の方面に在ても、必らず皆就學の好結果を得んことを宣言し、之が督勵の步武を進めつゝあるあり。要するに各團體に於て協力一致し、一定の方針を定めて地方の改良を實行するは、行ひ易き一の好方法たり。此の如き方法の成るべく活用せられんことを望むや切なり。

三 地方經營

イ 教化訓育

一 小學校休日の定め方に就ては、單に日曜日を除くの外、九十日を超ゆべからずと規定し、其土地の狀況に應じて、休日を定むるの餘地を與へられあるに拘らず、農村漁村に至るまで、徒らに都會の例に倣ひて休日を定め、其地方の實況を顧慮せざる向多し。或農村に於ては、農繁の時期が春季なるをも顧みず、重きを春季休日に置かずして、却て夏季休日を與ふるの舊慣を襲へるあり。或漁村に在つては、冬季に漁獲多く、子弟の手傳を要すること切なるに拘らず、休日を定むるに當りて全く此等の關係を無視するあり。此の如きことの無き樣注意したきものなり。

一　兒童教育の義務たるや、もと其父兄に取ては、固より重大の負擔たるを免がれず。殊に義務終了の期にして遲るゝ如きあらば、父兄の之が爲めに苦痛を感ずること彌ゝ大ならざるを得ず。四十二年來小學校に於て、九月開始の學期を設け得ることゝなしたるは、即ち成るべく速に其義務を終了せしめ、多少なりとも父兄の苦痛を減ぜしめんとの趣旨に出づ。果せるかな、これを實行したりしが爲め、四月以後に誕生したる兒童をして、空しく來春を待たしむるが如きの不利を脫せしむることを得たり。又病氣其他の理由に依りて進級を誤りたるものをして、再び其學年の初めより二重に繰返さしむる不利不幸を免るゝことを得せしめたり。此の如きは獨り其父兄を利するのみにあらず、眞に地方の利便を大にしたりといふべし。殊に市若しくは之に近接するの町村に在りては、此種の必要を感ずること殊に深かるべし。

一 兒童の昇校には、附近申合せて團體旗を造り、每朝其旗下に集ひて團體通學を爲すものあり。宮崎縣等には夙に之を實行しつゝあるの例に乏しからず。何れも頗る良好の成績を得つゝあるの事實は、世人の熟知する所たり。

一 近頃或縣下に於て、教員の住宅を各大字に配置し、其教員をして通學兒童の團體を引率登校せしむるの風行はる。之兒童の監督ともなり、父兄の心配を和ぐる好個の一方法たり。前者に比すれば一歩を進めたるものなりと謂ふべし。殊に教員の住宅を夜學舍の場所に利用し得ることゝせば、更に妙なるものあらん。

一 これは京都府綴喜郡八幡村の小學校に於ける實例なり。午前は授業を爲し、午後は兒童をして齒磨楊子の製造に從事せしめ、之に對して其工賃を拂ふこと、なしたるに、貧民の子弟等は之が爲めに喜んで出席するの状を呈し、課業に勵むこと更に一段を加へたるのみならず、又能く勤勞を重ずるの風を生じ、其結果甚だ良好なりといふ。

一　師範學校生徒に對し、其卒業期の前一年間位を通じ、一週一回づゝ地方事務官の出席を求め、地方自治並に外國に於ける自治の實況等に關して、各般の講話を聽取せしめ、此の如くにして地方自治に對するの觀念を注入し置くは、刻下緊要の方法なるべし。

一　靜岡縣周智郡の小學校に在ては夙に一坪農業なるものを行ひ居れり是は小學校五年級以上の生徒をして、生薑、唐辛等、土地に適する植物を栽培せしめ、之を持寄らしめて品評會を開き、成績佳良なるものに對して賞與するを例とす。　此一坪農業に要する種子は、生徒の害蟲驅除に依りて　農會より與へられたるの費用を以て、之を購ふものなり。此一坪農業の爲め、兒童は知らず〱の間に、野菜の名稱を知り、種類の改良にも心付き、栽培上の改善をも工夫し、其地方學童を裨益する所、固より少しとせず。殊に教師は兒童をして、耕作上の概念を得せしめんと務め、之に對しては地質と肥料との關係を教へ、以て兒童の思想を啓發せしむ。此の如くにして實業に對するの趣味を起さしむるは、最も有益の事なりと謂ふべし。

一 山梨縣中巨摩郡に在ては、小學校に於て三大節の儀式を擧ぐるに際し、生徒をして一層恭敬の念を敦からしめんが爲め、豫め教員に對して該儀式に關する講習會を開設し、皇典講究所師範部を卒業せる國幣社の禰宜を迎へて之を其講師となせり。之が爲め從來何心なく儀式に參列して、さまで感じたることなき生徒も、爾來は更に敬虔の念を深うしたりといふ。其精神上に與へたるの感化、誠に少からざるべし。

一　勤儉貯蓄の美風を進めんが爲め、東京府南足立郡農會に在ては、夙に教育家と相協力して、果樹栽培の奬勵を行へり。卽ち尋常小學の卒業者を打して一團となし、之をして青年果樹會なるものを組織せしめ、苗木は郡農會より之を交付し、且技術員を派して實地の指導をなさしめ、此の如くにして自ら栽培し、自ら收穫するの風習を養はしめつゝあり。

一　東京府南足立郡千住青物市場青年會は、三十九年の創設に係り、部内の青年を網羅せるものなり。智徳の增進と人格の向上とを圖かるの主旨に出づ。是の故に或は有益にして趣味ある書籍を購入して、之を會員に回讀せしめ、或は飲酒賭博の行爲を嚴禁して、別に清新なる娯樂の良法を教へ、一般に其趣味を高尚ならしめんとして、俳句又は謠曲の類を奬勵し、或は會員各自每月五拾錢宛の貯金を勵行する等、風紀改善上に盡す所尠からず。

一　一家の主婦たるべき婦人等に對し、地方改善上に關する諸般の知識を注入し置くことは、極めて有益の事たり。岡山縣赤磐郡長は夙に此に見る所あり。郡長の出でゝ町村を巡視するに當りては、常に警察署長郡視學等と同行し、到る處婦人會を召集して、各自種々の講話をなすを常とすといふ。

一　町村の公職に盡したるものを尊崇し、之に對して相當の慰安を與ふるは、自治の振作に裨益する所少からざるものあるべし。神奈川縣鎌倉郡鎌倉町に在ては、現町長及町會議員等が自から進んで會員となり、相率ゐて頌德會なるものを組織し、毎年一月同町の住民にして名譽職にある者、又は町吏員となりし者にして、品行方正能く職責を全うし、以て齡六十歳に及びたるものを招待し、慰勞の宴を開くを例とす。

一　夜學會にて老人部を設け、四十歲以上の者に對して、敎育を始めたる者あり。山口縣大島郡家室西方村是なり。同地は海外の出稼者もと多數を占むるが爲め、郵書の往復頗ぶる頻繁なるものあり。然るに家に在る者、多くは目に一丁字なくして、懷しき異域の子女に返辭さへ出すこと能はず、不便を感ずること殊に甚しかりしかば、有志者相集つて、遂に夜學會を設くるに至りしなり。老人部の入學者中には、年齡七十三歲のものさへ之ありといふ。設立の當初に在ては、成功の如何さへも疑はれたりしに、出席者の熱心殊の外なりしかば、進步も亦意外に速にして、一週二回の授業を受けたるものは、早くも自己の筆に依りて、相當に用件を辨じ得るに至れりといふ。

一　兒童をして敬老の心を養はしめむが爲め、宮崎縣西諸縣郡紙屋尋常高等小學校にては、每年一回六十歲以上の老人を集め、兒童の成績品を陳列して、此等を縱覽せしめ、或は兒童をして讀方、話方等を演ぜしむ。且平素に在ても、屢〻成績品又は珍しきものを老人に回送して、專ら慰藉を與ふるに勉めつゝありといふ。

一 學校敎員の傷痍、疾病、死亡、休退職の際、並に其他不慮の事故に際會したるときは、或は慰安を與へ、或は救濟を爲し、此等をして安じて其職務に從事せしむるは、固より一の美擧なりと謂ふべし。此主意に依りて、敎員相互の間に規約を設けたる、所謂互助會なるものは、島根縣の諸郡に多し。左に同縣簸川郡に於ける互助會規則を揭ぐ。

第一條 本會は簸川郡敎員互助會と稱し本部を今市町に設け支部を直江村、平田町、今市町、杵築町、久村の五ヶ所に置く

第二條 簸川郡町村立學校に在職の正敎員准敎員は總て本會々員たるへきものとす

第三條 本會々員にして左の各號の一に該當するものあるときは其互

助金を贈與するものとす

一　死亡したるとき及ひ年齡六十歲を超え若くは職務のため傷痍を受け又は疾病に罹り退職を命せられたるとき　本人出金額の二倍並に出金額に對する利子に等しき額

二　廢校、學校編制の變更並に傷痍を受け又は疾病に罹り退職を命せられたるとき休職滿期に依り退職したるとき　本人出金額並に出金額に對する利子に等しき額

三　自己の便宜に依り退職し若くは轉職し又は郡外に轉任したるとき　本人出金額に等しき金額

四　職務に起因して重傷を受け又は重病に罹りたるとき　金拾圓

五　職務に起因せすして重傷を受け又は重病に罹りたる時　金參圓

六　非常災變に遭遇したるとき　金五圓

七　同一戸籍内にある父母及配偶者の死亡したるとき　金壹圓

第四條　第三條に於て算する利子は一ヶ年百分の三の複利とす

第五條　懲戒に依り免職せられ又は失職し及ひ之に準すへきものには互助金を贈與せす

但し失職の場合に於て會長は評議員會の決議を經て規定額以內を贈與することあるへし

第六條　互助基金は左の收入に依るものとす

一　會員の醵出金

二　寄贈金

三　基金利子

第七條　會員の醵出金は本俸額の百分の一とし每月納付するものとす

但し厘位以下切捨とす

第八條　互助基金は會長に於て郵便貯金として保管す

第九條　會員にして正當の理由なく醵金の滯納三ケ月に及ふ時は除名するものとす

本條の場合に於ては醵出金を返付せす

第十條　本會の事務を處理するため左の役員を置く

一　會長

本會を統督す

二　副會長

會長を輔佐し會長事故あるときは之か代理をなす

三　支部長五名（會長之を囑託す）

會長の指揮を受け其部内の事務を處理す

四　理事本支部各二名（會長之を囑託す）所屬の事務を分掌す

五　地方委員（學校長の職にあるもの之に當る）

當該地方に關する事務を處理す

六　評議員各支部三名（各部會員の互選とす）

本會に關する重要事項を議決し兼て本會の會計を監督す

評議員の任期は三年とす滿期再選するを妨けす

第十一條　會長は每年一回支部長地方委員評議員を招集し會議を開き左の事項を行ふ

一　互助基金の收支決算其他會務の報告

二　議事

第十二條　本會則施行に必要なる細則は評議員會の決議を經て會長之を定む

第十三條　本會則は第十一條の會議に於て出席會員三分の二以上の同意

あるにあらされは變更することを得す

一 私立德山女學校は、山口縣都濃郡眞宗德應寺住職赤松照幢師の獨力經營する所に係るものなり。本校は特に重きを實科の教育に置き、地方普通の家庭に適切なる知識技能を授くるを目的とし、養蠶、機業、染色、園藝等を課して、專ら働ある主婦を養成せんと勉めつゝあり。

一 勤勞を好むの習慣を少時より養はしむるは、固より肝要の事なり。宮城縣に在ては小學校の兒童をして、教科以外地方に適切なる相當の作業に從事せしむることを奬勵したるに、一學校に在ては、理髮器械を備付け、休憩時間又は放課の後、一錢內外の賃金を以て、相互に理髮をなさしめ、之を共同貯金として蓄積せしめたるあり。或は養鷄、養豚、養兎の作業を課して、之が飼育の方法を教授する學校もあり。何れも成績の見るべきもの多しといふ。

一 一般農家をして敬神の心を篤うせしめ、神恩報謝の念を以て、農事の改良に盡力する所あらしむるは、美はしき一の實例たるを失はず。神奈川縣久良岐郡の神職會に在ては、夙に郡農會と氣脈を通じ、郡內各神社二十八箇所に就きて、何れも神田耕作場を設置することゝしたり。神田には相當の方法を以て注連繩を張り、又は幣束を建てゝ其神田たることを示し、又其田畑が神社の所有なると否とを問はず、敬神の念厚き精農者を以て、之が耕作の擔當者たらしめ、種子は郡農會にて一作毎に良種を選み、被害の豫防をも爲して無代に之を配付す。耕作の擔當者は乃ち農會指定の事項を實行して、之に違はざらんと勉め、專ら農作の成績を完美にし、之をして一村の模範農場たらしめんことを期しつゝありといふ。

一 近時農業を主業とせる青年男女が、追年都會に集中するの傾向あり。

蓋し農業の薄利なると趣味の少きとが、少くとも其一因たるべし。是を以て神奈川縣愛甲郡農會に在ては、農家に對して園藝の趣味を注入し、之をして實益と趣味とを自覺せしめ、以て此傾向を防がんとせり。其果樹及花卉類の栽培を奬勵するは、專ら此主旨に出づ。乃ち之が一手段として、接木法の講習會を町村農會に開かしめ、郡農會技手をして、實地の指導に當らしめつゝあり。殊に同郡の地味に適せる柿に就ては、勉めて優良なる品種を選み、接木苗二三本宛を農家毎戸に配付せりといふ。

一　學校を巧に利用するは、一村風紀の改善に益する所多し。東京府西多摩郡戸倉村に在ては、圖書館を學校內に設け、青年は固より村民等の樂んで學校に集り來るに供す。尚十一月半には學校生徒、青年團體等が主となりて、秋季大運動會を開催し、之を村民一同の娛樂日となす。別に淑女土曜會なるものゝ組織せらるゝあり。毎土曜日を以て、未婚の處女に割烹、裁縫等を教授す。

一 褒賞基金を設けて、精農義僕の類を表彰するは、千葉縣山武郡源村に見る所なり。同村に在ては、篤志者の寄附金千圓を基礎として、此種の資金を置き、更に農事成績の優れる者に對しては、優勝旗を授與して、農事の改良を奬勵す。

一 自治の基礎を鞏固ならしむるには、家庭の改良を計るを第一の急務とす。此目的を達せんが爲め、靜岡縣濱名郡積志村に在ては、村内を二十八區に分ち、學校教員、宗教家其他村内の有力者を出演者に依賴し、各區を巡りて順次家庭談話會を催し、以て教育、道德、經濟、衞生等の思想の涵養に努む。會場は有志者の家を以て之に充て、尙會の興を添へんが爲め、蓄音器を會場に備ふといふ。

一 兒童に勤儉の美風を喚起せしめ、併せて愛郷の心を養はしめんが爲め、滋賀縣甲賀郡にては、學童をして害虫驅除の事に當らしむ。且作業の當日は、教員をして兼て編纂したる郷土誌を携帯せしめ、郷土に於ける地理、歴史、博物等に就きて、一々實地の教授をなさしむ。

一 福島縣立子山村には、學校建築期成同盟會なるものあり。四十一年の創立に係る。公債を起さずして四十六年迄に三千圓の蓄積をなし、之にて改築を爲さんとするものなり。其方法は其資力に應じて、村民を數十等に分ち、一等より十等のものには、隨時出金せしむることゝし、十一等より二十五等までのものは、夜間又は休日を利用して、藁細工等をなし、之にて毎日一厘一錢以上を貯金せしむ。二十六等以下の細民に對しては、建築の際、敷地の地均し、木材の運搬、其他雜用人夫の事に當らしむることゝなせり。

ロ　生産奬勵

一、産業に就ては凡そ國際的には獨立主義を採り、國內關係に於ては分業に依り、有無相通じて、相互生産の價値を昂むることに注意すべし。卽ち國際獨立の爲めに必要なる穀物、其他重要なる物件は、たとひ生産條件にして不利なりとするも、尙ほ且內地に於て之を製出するを要すべし。之と同じく、外國貿易上の白眉たる生絲、絹織物等に在ても、是れ亦各地全力を傾注して其産額を增大せざるべからず。國內の産業に在りては、生産條件の其地方に最有利なるものを調査選擇して、之を奬勵助長せられたし。

一、各地方に於て其住民の要する米に就ては、槪略調査し居るも、其他に就ては考慮を缺ける向多き爲め、産業の基礎甚だ薄弱なり。速かに先づ衣類其他重要なる物件に就きても、同じく生産消費の關係を測算し、漸次其基礎を明にして、府縣是、郡是を定むべきなり。

一　養蠶製絲に從事するもの及び之れに關係を有するものは、生絲の需要供給に關する大勢を知るの要あり。歐米の統計に據れば、明治四十年に於ける世界の生絲需要高は、二千二百萬基瓦にして、既往十年間に、三割六分の增加を示せり。今四十年、日本の生絲として輸出せるものを見るに、世界需要高の約三割一分に當り。其數量一千二三萬斤なりとす。若し將來も亦此趨勢を維持し得るものと假定すれば、十年後に於ける輸出額は、約一千六百萬斤と見て大差なかるべし。內地に於て織物其他に消費するの額を、約其三分二（約一千一百萬斤）とすれば、合計約二千七百萬斤、之を繭に換算すれば、五百五十萬石にして、今後十年間に繭の產額約百五十萬石を增加するも、需要超過の問題を生ずることとなし。然るに近年の繭產額增加率は、平均一年十萬石内外なるが故に、今後も尙奬勵の餘地大に存するものと認めて過ちなかるべし。

一　近年蠶業家をして其方向に迷はしめたるは、海外養蠶高の不明なると、人造絹絲の發達し來りたるとの二點なりと雖も、人造絹絲は、一時こそ大敵たりと目せられたれ、其技術が今後豫想外の進歩を見たる曉はいざ知らず、今日迄の經過より之を推測すれば、水火に弱くして、華麗なる光澤を有せず、普通の織物原料に適せざるが如し。之が爲め天然絲の用途を侵さるゝの憂なきや必せり。又歐洲の蠶業國たる佛國及伊太利に在ては、其產額近來遲々として進まず。北米の國情は、是れ亦蠶業の普及を許さず。隨て有力なる競爭者といふべきものは、獨り隣國の支那あるのみ。然れども支那の國たるや、其領域甚廣くして、全くの未知數に屬すと雖も、調査されたる範圍に於て之を言へば、其南部、殊に江蘇省、浙江省の如きは、既に蠶業の著しき發達をなせるあり、一箇年六七回飼養するの狀況なれば、最早多く增進の餘地あるを見ず。四川省は尙將來發達の餘地ありと雖も、製品粗惡にして我敵とも覺えず。殊に特別上等品に對しては、影響を受くることなきや明なり。日本にして今後力めて優良品を產出せば、其前途は敢て憂ふるに及ばざるべし。

一 養蠶の經營に就ては、一考を費さゞるべからず。地方に依りて相場の高きときは、古有の家業を外にして、投機的に養蠶するものなきに非るも、斯くては割高の原料と勞力とを使用する如き場合を生じ、隨て生產品も高價となるが爲め、時に非常の困難に陷ることあるべし。日本の養蠶業を堅實に發達せしめんとするには、副業として之を普及せしむるを主眼とするが肝要なり。揣測に據れば、農家の數は約五百四十萬戸にして、養蠶家の數は約百六十萬戸なれば、尙ほ養蠶業を擴むるの餘地甚だ多きを知るべし。

一 生絲は、全國百六十萬戸に於て產出せし原料を蒐集し、海外の大市場に供給する如き、大規模の製品たり。故に生絲をして、一樣に優良ならしめんには、先づ以て繭の統一を圖らざるべからず。繭の統一を圖るには、蠶種と桑との整理より之を始めざるべからず。蠶種統一論の囂しきも、之が爲なり。島根、鳥取及び比較的後進なる關西の諸縣は、未だ完全の域に達せざるも、稍〻其方針に向て、步武を進め、蠶種及桑の種類を選擇することに、專ら力を注ぎつゝあり。各府縣とも此點に就て努力するあらんことを望む。

一 遠洋漁業の發達と共に、今や各地漁港を設くることが、既に必要となれり。然るに漁港を設くるに就ては、單に船を安全に碇泊せしむるに止まらず、海陸の聯絡を取ることが最も肝要なり。即ち遠洋漁業船が漁獲物を持ち來るときは、直ちに陸揚をなして賣捌をなし、其賣捌かれたる魚類を汽車に積みて之を各地に送る。斯くして其船は又直ちに薪水を積み、或は需要品を積みて、出漁するの順序ならざるべからず。隨て遠洋漁船は、何れの船たるを問はず、各便宜の場所に集中するを可とするが故に、各縣に於て之を設くるの必要なく、先づ我邦に於ては、少ければ五六箇所、多きも十箇所乃至十二箇所を可とすべし。

一 在來の日本形漁船を改造して、甲板を張り、又はより以上に堅牢ならしむるを可とするの議論あるも、在來の漁船は小ながらも輕便なり。外國の識者は、非常に之を珍重す。湖水又は近海に於ては、此の如き漁船が必要なり。英國の釣船としては、『ボート』の底を扁平に造り居るも、尚日本の漁船に及ばざること遠しとして、大に我邦の漁船を賞讃しつゝあり。隨て全然日本式の漁船を改造するの必要を認めず。唯之を遠洋漁業船に使用することは、到底不可能なるを以て、在來の漁船は、湖水又は近海の漁業にのみ使用することゝし、遠洋漁船は、特別に之を製造せんことを要す。外國にては、在來の近海漁船を別に改造することなく、又之に依て外國に出漁することなし。故に難破もなく又危險に遭遇すること稀なり。

一　水產製造物の輸出に就ては、先づ品質の一定に注意せざるべからず。品質の一定せざるもの各所より出づるとも、適當の輸出品たるを得ず。これが爲めには檢査の方法を設け、品質の可なるものにして、一定したるものを輸出せざるべからず。

一　漁獲物の新鮮を保つが爲めには、冷藏の裝置をなすこと必要なり。卽ち出漁に際しては漁船に其裝置をなし、漁獲せば之に積込むことゝし、陸揚せば之を送る汽車にも、亦之を賣捌く市場にても、此装置を爲して、結局人の口に入るまで、若くは之を製造するまで、冷藏し置くを可とす。

一 農村に於て、湖沼又は河川に、水産養殖をなすは、是れ亦有益にして趣味ある事業なり。鱒の如きは最も有利のものなるべし。歐米にては鱒の養殖を以て、文明の仕事なりとし、之を食するを以て文明の食物なりとなし、之を釣りて樂むを以て、文明の最も趣味ある快樂と爲せり。又鱒の外には鯉、鰻等、海岸附近にては鯔、鰻等の養殖も可なるべし。海岸の遠淺なる箇所又は灣には牡蠣、海苔、貝類の養殖に適するものあるべく、殊に鹽田整理の結果、鹽田の廢止せらるゝものあるに於ては、場所に依り養魚に適するものも尠からざる事なるべし。

一 獨國及墺國の如きは、原野を開墾するに、初め高き方より低き方に土堤を築き、之に貯水して養魚を爲し、後三年位に之を畑となす。即ち開墾の先驅として、養魚事業を經營するものなり。是れ當初に養魚地となさば、自然の魚餌に富み、次に畑とせば養魚より生じたる肥料自から豐富なればなり。

一　從來我邦にては、養魚に臭味を帶び、光澤亦惡しゝとして之を輕蔑し、到底天然のものには及ぶ能はずと爲せり。是主として餌料の選擇を爲さず、又取扱其宜しきを得ざるが爲めなり。曩きに愛知縣に於て開かれたる養魚品評會の審査成績に據れば、天然と毫も異ならざるのみならず、却て優れるものありき。獨逸にては人民に魚を食せしめざれば、増殖するの人口を養ふことを得ずとなし、大に魚食を奬勵せり。これが爲め魚類の模範料理店あり。魚食の雜誌さへも發行せられつゝありて、魚食は盛に行はるゝことゝなれり。我邦にても滋賀、京都邊に於ては、主として淡水魚を食するも、他より來るものは之を食せざる爲め、海魚を遠方より取寄するの有樣なり。近時養魚と其料理法との發達を圖り、此地に來れば美味なる湖水の養魚を食するを得る樣工夫を凝せり、是れ亦頗る有益なるべし。

一　漁村維持の方法としては、現に行はれつゝあるものゝ内、磯付の貝又は海草を採取し、第一日、二日の揚り高を共同の利益となし、之を以て租稅又は學校維持費等に充つる所あり。又九州天草地方にては、口錢法の設けあり。漁獵高より幾部を引去りて漁場の費用に充つ。其他積立金を爲し、之を利用して漁具の改良を圖れるものあり。是等の工夫は漁村として最も必要の事たるべし。

一　水産の發達を圖るには、巧妙なる技術者を要するや勿論にして、之れが爲めには帝國大學にも水産科を設けられ、又以前より水産講習所の設備しある位なり。然れども更に下級簡易の水產教育を普及せしめんが爲めには、各地方に於て其設備を爲すこと固より必要なり。佛國の如きは、水產業地の小學校には、必らず其科目に水產科を加へ居れり。之を學ぶ者他日必らずしも水產家たらずとするも、水產の知識を授け置くことは、漁村の維持發達を圖る上に、最も肝要の事たり。

一　防貧救貧の手段としては靜岡縣加茂郡稻取村が、村内に共同救護社なるものを設けたる如き、蓋し其一例なり。春蠶賣上高の一割をば、必ず社に積立てしむるもの即ち是れなり。同村に在ては又最下級の農業者にても、其孫の代には、壹萬圓以上の資產を有せしめんとの計畫あり。其方法は一年に壹圓宛、即ち六十年に六拾圓を積ましむるものなり。此の如くにして前述の共同救護社は之を運轉し、無利息五箇年賦にて貸出しを爲し、六年目に一箇年賦金丈の禮金を受け、繰廻し行くときは、六十年に、六拾圓積みしものが、四百五十餘圓となり、子の代には一文も積まずして、孫の代には壹萬餘圓の資金となる勘定なりといふ。

一　地主が多くの勞費を用ゐずして、植林を經營するは、山梨縣南巨摩郡萬澤村に於て之を見るべし。同村にて行はるゝ方法は、地主が山地を無料にて小作人に貸與し、小作人は之を開墾して先づ柳を植付け、地主は柳の間に植樹をなすもの是れなり。小作人は柳の小作を爲す序に必らず下草の刈取をなすが故に、地主は別に費用を投ぜずして、樹木を成育せしむることを得るなり。同地方は縣下植樹最も盛なるの地として知らる。

一　植林奬勵の一手段として、岡山縣川上郡宇治村が植林臺帳なるものを設くるも、亦一と工夫なり。本臺帳は助役が各地方を視察するの際、山を一筆毎に極めて詳細に調査を遂げ、歸來するや、乃ち青年團隊の力を藉りて、之を作製したるものにして、毎地に適當なるべき樹木の種類を記載す。村にては苗を作り、此臺帳を基礎として、公有林と私有林との別たに問はず、年々植樹をなし行くの計畫なり。

ハ 産業組合

一 産業組合をして不振に陥らしむる通弊の主要なるものは、組合員が組合に加入するに際して、直ちに一大利益を獲得し得べきが如き夢想を懷き、其誤れるを悟るに及んで、直ちに惰氣を生ずると、組合の理事者が成功を收むるに急にして、經營上無理算段を爲し、自ら蹉跌を招くとの二點に在り。

一 産業組合の本旨は、自助に依りて强者に對抗し能はざる所を、相助に依りて補はんとするにあり。肥料を安價に購ふは、相助の力なるも、其利益をして効果あらしむるは、自助の力なり。其自力を捨てゝ、徒らに組合に依頼するが如きは、即ち其根を絶ちて其枝の繁茂せんことを希ふに異ならざれば、組合員となれるものは、組合によりて得たる利益を働かすことに注意するが肝要なり。産業組合の經營者は、須らく左の各項に就きて、深かく注意を拂ふべし。

イ 法例及條欵に違背なきやう、
ロ 帳簿、書籍、其他事務上の整理行屆き居るやう、
ハ 組合員には區域内の者を相當に包含せしめ、減少を見ざるやう、
ニ 事業の分量が增加するやう、及び其事業が各組合員に行き渡り居るやう、
ホ 收入支出適良にして、相當の剩餘金あり、積立金の隨て增加するやう

へ　組合員の事業進歩し、産業の地方的改善行はるゝやう、

ト　組合員の富力增進するやう、

チ　組合員の德義亦同じく增進するやう、

一　産業組合の設立には、先づ其準備を要す。即ち先づ老人會、青年會等の如きものを組織して、共同的精神を培養し、又貯金組合を設けて、自助の精神を鼓吹し、或は隣保の申合を以て、小規模の共同購買を實行せしめ、一般に其利を悟るにあり、隨て其基礎漸く成るに及んで、他の組合の組織に著手せば、組合員の誤解なくして、健全の發達を見得るに庶幾からんか。

一　産業組合事業開始の順序としては、先づ大體は貯金組合を基礎として、信用組合を設立し、其發展するを竢ちて、更に共同販賣に著手し、次に共同購買を始め、最後に生産組合を兼營して、其効果を完からし

むべし。

一　畜牛の盛なる地方にては、益々改良を圖ると共に、農家に於ける殘乳利用の方法を講ずることが必要なり。兵庫縣津名郡多賀村にては、多賀種牛生産販賣組合なるものを組織し、共同搾乳場を設けて、搾乳夫を置き、組合員の畜牛に對して搾乳を行ひ、其販賣價格より搾取及配達費等を控除したる剩餘金は、之を組合員の所持に歸せしむ。

一　古來租稅滯納の弊なく、且つ又公の救助を受けたる事なきを以て有名なる德島縣板野郡里浦村にては、船講なるものを組織し、資本の少き漁業者を申合せて醵金をなさしめ、籤引にて漁船を順々に新造することゝす。又別に家講なるものあり、同樣の方法に依りて家屋の建造改築に便す。

二　貯蓄奬勵

一、各地方の組合に於て、郵便貯金を利用する者多きが爲め、貯金局にても、今や原簿を『カード』式に改め、一年度内に預入若くは拂戻の取扱あるものと、又其取扱なきものとを區分せり。前者は之を活動口座、後者は之を睡眠口座と稱す。此區別の必要は、預入又は拂戻ありたる場合、其他日締計算等の場合に於て、受拂の取扱なき口座までも調査し、又は計算するの煩を避くるが爲めにして、此區別を自由に爲し得るは、實に『カード』式の特長とする所なり。而して此兩口座に於ける口數の多少如何を調査するに、驚くべし、實に兩々伯仲の間に在り。換言すれば、郵便貯金預け人の半數は、最初貯金したる後預入を爲さず、又拂戻も爲さず、其儘拋棄するものなることを示せり。是れ畢竟當局有司が勸誘を爲せる結果、一時貯金するも、時日の經過と共に、其繼續を怠るものたり。甚しきに至りては、自己が貯金預人なることを忘却せる者さへ之あるが如し。此の如きは恰も良好なる種子を蒔き、萌芽を見ながら、其成育の方法を講ぜざると同樣なり。特に注意を請はざるを得ず。

ホ　公衆衞生

一　人生最恐るべきは、結核の傳染にあり。其豫防法として施設すべき事項固より尠からず。就中其最も簡易に、且有効なるものは左の如し。

イ　公衆の集る所には、唾壺を設備すること。發育の初期にある兒童を保護する爲め、學校には是非嚴重に之を厲行することを要す。

ロ　喀痰中に黴菌を出だすが如き高度の結核患者に對しては、可成交通を制限すること。

ハ　黴菌は塵埃中に混じて、呼吸器に入るものなるが故に、可成塵埃を減少せしむるの工夫を要す。屋内の掃除に就ても、可成飛散せしめずして之を除去するの方法を講ずること必要なり。

二　小學校教員中には、割合に多く結核患者を認むるを以て、學校の塵埃は、頗る危險なり。因て學校の掃除には、濕拭掃除法を取らしむるやう、監督を嚴にせんことを望む。

一　飲料水の良否は、赤痢、虎列拉、腸窒扶斯等の消化器傳染病に、至大の關係を有するは勿論、死亡率の消長にも、亦密接なる關係を有せり。今統計に依りて之を證明せんに、飲料の改良を圖るが爲め、上水道を布設せる場所に在りては、著しく死亡率を遞減しつゝあり。即ち横濱の如きに在ては、水道布設前に於ける十年間の死亡率實に三二・一二なりしもの、布設後の十年間には、一八・三二となり、其後の十年間には一三・五四となれり。大阪の如きは、水道布設前に於ける十年間死亡率二七・〇五なりしものも、布設後の十年間には二一・九六とな其後の十年間には二〇・八九となれり。其他函館、長崎、廣島、神戸、東京等の如きも、率には各差あるも、何れも皆遞減しつゝあり。

一　又腸窒扶斯患者の發生に就て見るも、大阪にては上水道布設前六箇年の平均人口一萬に付九人九六なりしものも、布設後六年間の平均は、二人九九を示せり。

一　消化器傳染病即ち虎列拉、赤痢、腸窒扶斯の三病に付、明治十六年以來二十年間に於ける患者の總數は、二百二十一萬六百四十一名にして、其内死亡者は六萬五千八十九名なり。即ち患者百に對し、死亡者は三〇・〇八に當れり。又八種傳染病豫防費として支出せる金額は、二十年以降五箇年間に、國府縣市町村費を通じて、二千五百萬圓に達せり。若し傳染病流行の爲め、其地方の産業が間接に被りたる損害に至りては、實に巨大なるものあらん。而して此等傳染病の多くは、飲料水の改良に依りて救濟し得べきものなる以上は、國家經濟の見地よりするも、飲料水の改良に向て、大に注意を拂はざるべからず。

一 疾病の際に於ける救濟の資として、各自貯金を爲さしむるの必要なるを感じ、埼玉縣大里郡中瀬村にては、去る三十四年より、衞生醵金組合なるものを設け、衞生貯金の名義を以て村内貧富の別なく、毎戸一箇月三錢宛を醵出せしめて預金となし、以て不時の救濟資金及び保健上必要なる經費に充つることゝなせりといふ。

一 滋賀縣甲賀郡にては、郡の事業として看護婦の養成を爲す。看護婦の講習を受けたるものは、五箇年の義務年限あり。郡に於ては成るべく一名づゝ之を各町村に配置するの方針なり。尚別に高等看護婦一名を郡に置く。此者は傳染病の豫防、救治に從事し、普通看護婦の養成並に之が指揮監督に任じ、郡役所に於て執務を爲すの外、二箇の高等小學校に出席して、其生徒に對し、每週二回看護法の教授をなす。普通看護婦は、平時別に勤務をなさず、傳染病者發生の場合には、郡長の命令に從つて其業務を執る。尚普通看護婦には、更に產婆の講習を受けしめ、以て兼業の道を得せしむ。

一　素養ある產婆に乏しきは、村落地方の齊しく不便とする所なり。岐阜縣惠那郡にては、夙に此點に鑑み、新產婆養成の策を講じ、學資補給規程なるものを定めたり。此規程によれば、修業中は、郡より一箇月四圓の補助を與へ、其產婆の免許を得たるときは、之を町村に配置し、各町村をしては、必らず一人以上を常置せしめ、町村費を以て一人月額七圓乃至十五圓の範圍を以て、其給料を支給することゝす。此の如くにして產家よりは、毫も報酬を受けざらしむることゝす。又公費を以て公醫を置き、或は學資を補助して將來の公醫を養成するの計畫を爲すの地方も亦固より少からず。

四　地方事務の要綱

イ　事務處理の方法

事務の分配

一　事務の分配は、所謂分業の利益を利用して、以て執務の敏捷を期するにあり。故に多數の吏員共同して執務する場所に在つては、必ず事務の分配上に相當の注意を拂ふことを要す。其最も考慮を要すべきは第一府縣廳にして、次は組織の大なる郡役所と市役所と是れなり。町村役場と雖、其組織の大なるものに在ては、事務の分配其當を得たるが爲め、執務の成績宜しきを致せるの例なきに非ず。

一　分課分掌を決するに當りては、事務の聯絡あるものは、之を同一の課に纏め、執務の便益と人の利用とに注意すること肝要なり。例へば府縣廳には、地方課若くは庶務課と稱するものあり。議事及郡市町村以下の監督に關するの事務を掌り、管内の事情に通ずるを以て、府縣費豫算の編成は、概して同課の主管に屬するを例とす。然るに某縣に於ては、豫算編成は、出納と密接なる關係を有すとの理由を以て、會計課に屬せしめたるものあり。其利害得失は、尚ほ研究を要すべしと雖、府縣全體の經營に基礎たるべき豫算の編成は、固より郡市町村監督の上よりして、最も地方の狀況を明かにし、道路、學校其他各種設備の大勢をも知悉せる地方課に於て、之を擔任するが、寧ろ適當の事にはあらざる乎。事務の分掌に關しても、亦然り。注意の行屆ける村役場に在ては、交通が産業の發達に最も密接の關係を有するものたるが故に、土木、勸業の事務を、一人の手に擔當せしめ、衛生も亦學事と離るべからざるものなるを以て、之を同一人の手に屬せしむ。又郡役所に課を分つの可否は、其組織の大小に依りて異なるべきも、概して課を設くるの必要なきが如し、要するに指導者とすべき人物如何に依りて、執務の狀況に尠からざるの差異を生ずべきも、分課分掌の點に於ては、亦一段の注意を望まざるを得ず。

一　事務の種類に依りて、人の配置に相當の注意を加ふること、是れ亦必要の事たり。事務には思慮を要するもの多し。隨て思慮を要するの事務は、學識と經驗とを兼ね有する高級の者をして之を擔當せしめ、器械的、通俗的の事務は下級者に分配して、成るべく其人數を多からしむるを得策とす。然るに事情の爲め、存外高級なるものに器械的の事務を擔當せしむるものあり。經濟上の不利固より甚だしといふべし。

一　分課分掌若し細かきに失すれば、却て其弊を受けん。隨て主任一人の外は、其事務に關與せずといふ如き組織を取らば、若し主任缺員となるか、或は病氣旅行等の場合には、其事務全く之が爲めに不明となるべし。此の如くにして課長は課員の起案したるものを見るに止まることゝならば、是れ既に係を分ちたるの弊を示めす。多くは課係を設けたるが爲め、徒らに多くの人數を要するの結果を生ずべし。課長係長にして、重要なる事務を自ら分擔起案せば、固より是の如き弊なくして、更に其利のみを收むることを得ん。宮崎縣の延岡町役場の如きは、深く此に見る所あり。文書の收受に關する事、會議幷に議員選擧に關する事、豫算決算の審査、收支命令、財產の管理其他二三の事項を町長自ら擔任し、役場吏員に對しては、文書の起草、編纂、保存等に至るまで、手本を示しつゝ事務を監督するの方針を執り居れり。他地方に於ても、亦斯くの如くなさば利便多かるべし。

書類の整理

一 書類の整理に就き、第一に注意すべきは、法令例規の整頓なり。法令例規を成るべく簡便に發見し、事務の敏活を害せざらん爲めには、編纂に際して分類と見出とに注意し、或は其表紙を色別するも亦一方法なり。又編纂に注意すると同時に、一面には編纂したる法令例規の加除訂正に留意することが肝要なり。加除訂正に注意至らざるが爲め、廢規廢例に依りて、事務を處理したるが如き、亦其例なきに非ず。此例規に就て困難なるは、上級廳の訓令通牒の如きは先づ以て判別し易かるべけれど、其廳内に於て決定せる事柄は、果して將來の先例となすべきものなるや否やの判別し難き場合尠からず。是を以て其判別には、事件の輕重等を鑑別し置き、相當責任者が能く之に任ずる所あらんことを要す。下僚に放任せば、往々誤りを來し、若くは例規とするの必要なきものをも、例規の内に編入して、書冊を複雜ならしむるの弊あるべし。

一　第二は臺帳若くは原簿の整頓なり。臺帳、原簿は、常に異動に注意して、これが加除更正を怠らざることも一要素たり。獨逸伯林市に近きテーゲル村の役場に於ては、總て『カード』式を採用し、戸籍の關係に就ては、戸籍用として數段の棚を供へ、是れに併列しある小函は、一戸を代表して、家並の順を追ひ、又町毎に區別せられて、戸籍上必要の事項を記載したる『カード』は、悉く各戸小函の内に收めらる。租税に就ても亦然り。若し移動あるときは、其關係『カード』を一の小函より、他の小函に轉ずるを以て、事足れり。隨て同一事項を再三複寫するの手數を省き得るの便あり。愛知縣西加茂郡地方に於ては、舊藩政時代より『カード』式に依りて、地租名寄帳を整理するの慣行ありしといふ。日本に於て此『カード』式整理法の完全に行はれ居るは、遞信省貯金局を以て、其最となす。又會社等に多く採用せるは、簿記帳の拔挿を自由にせる如き小組織のものにして、株主名簿等は、概して此式に依る。大組織のものは、容易に倣ひ得ざるも、小組織のものは、用ゐて便利なるべし。尚兵庫縣に於ては、大藏省の認可を得て、國稅徵收原簿中に其の附加稅たる縣稅、市町村稅を併記することゝし、縣稅徵收原簿及市町村稅徵收原簿を全廢せりといふ。一の臺帳を以て、二つ以上の事務に應ずることを得ば、便利是より大なるはなし。さしたる不便なき限りは、臺帳の數を減ずることに注意するも、亦必要なり。又臺帳を整頓するは、之に依りて沿革及現況を明瞭に知り得る爲めなるに、町村に於ては財產臺帳の如き、監督官廳の檢閲に供する爲めに設くるが如く誤解し、常に手入を怠る向少なからず。此の如きは注意改善を要することなり。

一　第三は書類の保存なり。保存書類は、歴史の參考資料となすに非ず、事務の用に供すること其主たる目的なれば、前に陳述せし例規同様、其編纂に際しては、之を發見するに極めて容易なるの方法を採り、見出しには目錄を附し、事務の種類に應じて、表紙を色別にするが如き、或は必要なるべし。又豫め紛失と燒失とを防ぐが爲め、順序整しく倉庫に納め、其倉庫の番號と、棚の番號とを明瞭ならしむるが如き、是れ亦保存方法の一なり。又火災の惧なき限りは、倉庫を成るべく事務室に接近すること肝要なり。最後に注意すべきは書類保存の終期なり。此期間を過ぎたるものは速に廢棄すべきことを要するは勿論なるも、往々其の期間を誤りて、棄却處分をなし、不測の禍を來したるの例亦少しとなさず。

一　第四は未決書類の整理なり。町村役場等に在ては、其日の事は其日に於て終るの原則に依り、未決書類なるもの、殆ど無かるべしと雖も、事件の大なるもの、事件の審理に時を要するもの等は、未決書類として之を保存するの場合あり。其注意充分ならざれば、紛失し又は捜索に時を費すの不利あるべし。故に未決の文書は一定の書箱に藏置し、主任者不在にても其の所在を分明ならしむること肝要なり。

事務所の位置構造及設置

一　事務所の位置には、其全管内に對するの位置と、其所在地に對するの位置と、及其敷地に對するの位置との三あり。第一點に就ては、郡役所位置の爭、役場位置の爭として、往々問題を惹起するも、地方の事情に拘らずして、各人民の交通上最も便利なるの地點を選擇すべし。是れ即ち事務所の方面より見るも、出入上便利の地點たればなり。第二點に就ては、人民の出入、荷物の運搬に便利なるの地點を選擇すべし。何等特別の理由なきに、單に眺望若くは外觀の點より、高臺を擇ぶが如きは、其本末を誤れるものたり。第三點に就ては、成るべく街路に近くし、街路より直ちに事務室に通ずるの便利を主とすべし。必ずしも門を構へ、玄關を造り、前庭を設くるに及ばず。敷地の餘地は成るべく背後に廻し、參考の植物等を植ゑなば、一段の利用を增すべし。寸地尺土を空存し、又は之を濫用せざるの心得が肝要なり。又此方法に依るときは、前面の板塀、玉墻等を節するの利を伴ふことを得べし。

一　役所、役場の構造に就ては、勿論人民出入上の便利を主として之を考へんことを要す。即ち土足の儘にて用事を辨ぜしむるの精神を以て、連絡したる土間を設け、町村長始め土間に面して位置を占め、各其取扱口に相當事務と、其氏名とを記したる掛札を下げ置くが如き、漸次行はるゝ所の好方法たり。佐賀縣伊萬里町役場に於ては、其取扱口の硝子戸を色別となして、取扱事務を知るの便となしたるが如き、文字を讀み得ざるものゝ爲めには、非常なる便利ありといふべし。事務室を小區分するが如きは、害あるも益あることなし。成るべく一室主義を採るが、便利なるべし。殊に郡役所の如きは、郡長も亦常に郡書記と同室に於て、事務を見るの方針を採ることゝすべし。さすれば吏員に對するの監督も行屆き、事務も隨て敏活に處理することを得るの利あるべし。

一　事務所の設備、并に備品に就ては、書類の整理上適當なるものを擇びて、吏員各自專用の書箱引出等を減じ、夫の書類を深く藏めて、其處理を澁滯せしめ、若くは要否の書類を混淆せしむるが如き事なからしむるやう注意せられたし。

執務の方法

一 文書の收受を擔當するものは、執務時間前に其準備をなして、執務時間と同時に之を分配することが必要なれば、執務時間外に於て、之が收受を取扱はしむる樣、常に其主任一名をして當直せしむる等、相當の工夫なかるべからず。又常に處理の有無に注意し、相當期間を經過したる文書あるときは、殊に注意を與ふることを要す。是れ容易なるが如くにして、而かも實行甚だ困難なる所なれば、主任者を監督する部長、課長、又は市町村長は、之を受付吏員のみに一任せず、共に注意を怠らざることが必要なり。

一 事務簡捷の聲は常に之あり。隨て近來は口頭受理の方法も、今や廣く行はるゝことゝなれり。殊に警察の届出などにして、事の頗る簡單なるものは、最も口頭受理に適するが故に、電話に依りて受付し居る所も亦之あり。町村役場に於ても、口頭にて受理するの事項漸次増加せるは、人民の便利を増す所以にして、洵に喜ぶべし。唯口頭受理にて可なるや否を判別するが、困難の事なれば、之を下級のものに一任せざるを原則とすべし。されど之を一任する場合には、豫め其事項を決定し置くの要あり。又役場吏員にて代書の勞を執り、或は一定の用紙を備へて、願届出人に之を與ふるが如きは、已に各地に行はれ、人民の便利を感ずること、既に少からざるものあり。

一　文書の發送に就ても、複寫に要するの時間、使丁の往復時間、郵便の開函時間等には、常に注意するを要す。寸時の差は、往々にして一日の差となることあり。又和歌山縣に於ては、秘密若くは至急の文書を除くの外、總て數郡に渉るの文書は、之を縣報に登載することに改めたりといふ。

一 事件の處理に就ては、正確と敏速とを必要とすること勿論なれば、執務者自身の執務方法を改良すると同時に、人民側の方も亦之に應じ、萬事正確にして敏速なる樣、改善することを要す。執務者側より正確を期するの一方法として、年中行事を作れるものも之あり。滋賀縣栗太郡役所に於ては、處務暦なるものを作りて、郡役所と町村役場とに之を備付く、是には處理すべき事項と、其根據たる法令と、處分、執行の期日とを印刷し置き、處理を終る毎に其日付を記入し、三箇年之を運用するの仕組なりとす。

一 各部各主任間に於ける事務の聯絡を取ることも、亦注意すべき項目の一なり。是れは下級團體たる市町村には生ぜざる問題なるべきも、郡役所以上の役所に在ては、聯絡の十分なると否らざるとは、事務の整理を期する上に甚だ必要にして、又手數省略上にも關係する所尠からず。

一　人民側を改善して事務の敏速を圖るには、先づ第一に法令、令達を周知せしめ、願屆等の間違の爲めに、村役場の事務を妨害し、煩雜に流れしめざるを要す。廣島縣の廣村、東京府の戸倉村は、最も此點に注意し居れりといふ。

一　役場の執務に就ては、常に人民の便利如何を顧慮せざるべからず。農繁の時分には、夜間の執務をなすが如きは、其一例なり。夜間の執務は、人民に非常なる便利を與へ、隨て納税其他の事も、容易に纏まるの利あり。熊本に於て市會を夜間に開くも、亦人民の利便を主とするの趣旨に出づ。

一　諸願屆等の副本を減ずることも、人民の便利を圖る一方法なり。兵庫縣に於ては、從來町村の制限外課稅稟請に際し、副本二通を差出さしめ、一通は郡役所に、一通は縣廳に取りしを改めて、副本一通となし、稟請書進達の際は、其儘之を縣廳に差出さしめ、事件結了するに當りて、縣廳は唯其要領を臺帳に留め、指令送付と同時に、副本を郡役所に還付す。是れ亦手數省略の一方法なり。

一　人民の願書に不備の廉ありて、訂正を爲さしむるの要あるときは、懇切に之を指示すべきは勿論、訂正の廉は一度に之を爲さしめ、再三再四召喚するが如き弊を生ぜざるを肝要とす。

一　願屆其外の調書を上級官廳に進達するには、單に文書を經由するに止めず、其内容を篤と調査し、不備の廉は訂正を加へしむる等注意を加へ、上級廳より取調の爲め照會又は返戻を受けざる樣、心懸くることまた肝要なり。

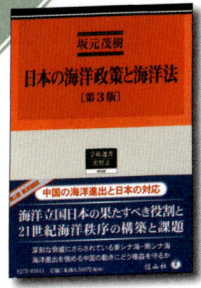

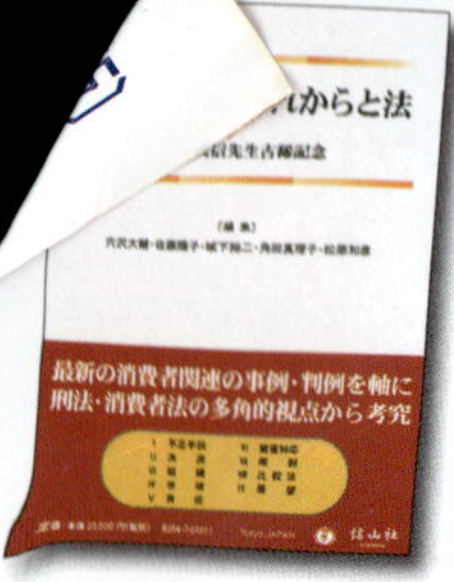

消費社会のこれからと法

長井長信先生古稀記念

穴沢大輔・佐藤陽子・城下裕二
角田真理子・松原和彦 編集

A5変・上製・548頁　ISBN978-4-7972-8204-7 C3332
定価：22,000円（本体 20,000円）

最新の消費者関連の事例・判例を軸に、刑法・消費者法の多角的視点から考究する。

民事法改革の現代的課題

鳥谷部茂先生・伊藤浩先生古稀記念

田村耕一・堀田親臣・町田余理子 編集

A5変・上製・464頁　ISBN978-4-7972-3461-9 C3332
定価：19,800円（本体 18,000円）

中四国の法政、土地法、民事法分野から18名が合集い・討究。民事法改正への具体的検討。

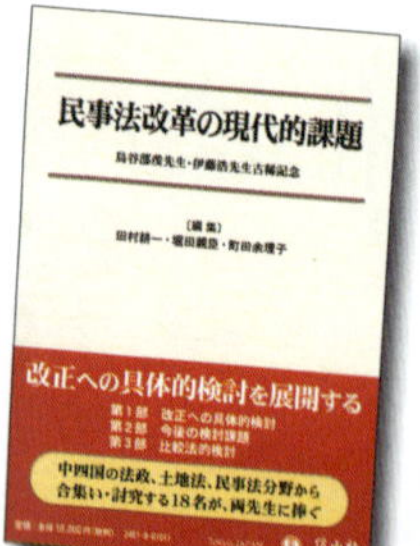

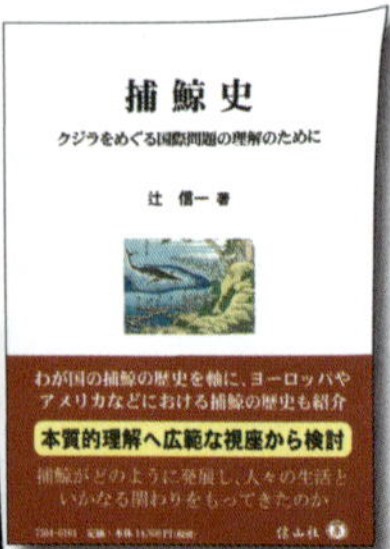

捕鯨史

クジラをめぐる国際問題の理解のために

辻　信一 著

A5変・上製・784頁　ISBN978-4-7972-7504-9 C3332
定価：16,280円（本体 14,800円）

捕鯨について、広範な視座から検討。捕鯨の歴史と、そこに関わってきた人々の生活を詳説。わが国の捕鯨の歴史を軸に、欧米などにおける捕鯨の歴史も紹介。

13-0033 東京都文京区本郷6-2-9-102 東大正門前
L:03(3818)1019 FAX:03(3811)3580 E-mail:order@shinzansha.co.jp
信山社
http://www.shinzansha.co.jp

ロ　執務者の心得

一　第一には、執務者が責任を重ずること、即ち自己の起案したる事柄に就ては、十分上官に說明して、之を貫徹するの覺悟を要す。第二には、事務の簡捷を期すると同時に、親切を以て其事に當ること必要なり。第三には、事務の處分が適切なること是れなり。法令なき場合には、先例を追ふて處分することを普通とするも、先例には往々にして惡例あり。先例を重ずると同時に、又一面先例を研究することの心懸け必要なり。

一　執務時間の確守は、當然の事柄なれば、更めて之を言ふの必要なかるべきも、宮崎縣の延岡町長が、執務時間中、一切公務以外の面會を謝絕し、又面會時間を可成短縮し、面會簿を作りて、面會人の氏名と要領とを書留め、後日の參考となすが如きは、倣ふべきものゝ一たるべし。

一 事務の簡捷、事務の整理は、一時的のものにあらずして、寧ろ恒久的のものなり。恰も汚物掃除の如く、絶えず掃除することが肝要なり。然らずんば前日まで肝要なりし願書も、翌日は、早くも不用に歸するの場合あるべし。

一 町村長が寄合ふて研究し置きたる事務の打合せをなすは、事務の改善に必要なると同時に、一面事務を執る人の訓練ともなるべし。

一 事務の局に當る者をして、事務上の障害とならざる限り、成るべく廣く他地方を視察せしむることが必要なり。秋田縣町村吏員が、赤十字社總會の機を利用し、四百有餘人一團となりて、各所を視察せるが如き、蓋し適應の方法なりといふべし。

一 廣き意味に於ける事務の講習は、往々にして弊を伴ひ易きが故に、之を警戒することが必要なり。然れども直接執務に關係あるの事項を研究講習するは、執務者の訓練上缺くべからざるの事柄たり。

後繼者を訓練すること、即ち事務見習を養成し置くが肝要なり。此等の後繼者が、他日進んでは收入役、助役、町村長となることを得べきが故に、更迭ありたりとて忽ち事務が亂れ、事業が衰ふるが如きことなきを得べし。

徳島縣に於て開始せる事務の講評は、其主とする所は監督にありと雖、一面には實に事務員訓練の一方法たり。即ち内務部長は、部内各課員を伴ひ、郡役所に就きて、勸業、土木、教育及び地方監督等、各方面より事務の視察を遂げ、又當局の郡長、郡書記とも意見を交換し、其結果を講評して、是なるものは之を賞し、非なるものは之を誡む。是れ事務の整理を圖り、事務の監督を有効ならしむる上に於て適當なるのみならず、又實に事務の訓練上に於ても尠からざるの便利ありといふべし。

以上の事柄は、實務に從事するもの丶常に考慮し研究しつ丶ある所にして、敢て珍しき事例にはあらざるべきも、此等の事たる、總て言ふに易くして行ふに難きもの多し。要するに常套語として之を棄てず、十分に其實行方法如何を熟慮せられんことを望む。尙一言注意すべきは、積極的事業の基が、地方事務の整理に在り。地方事務の整理が事業經營の根柢をなすこと是れなり。地方事務の整理を爲さずして、徒らに積極的事業の經營に從事するは、恰も砂上に樓閣を築けると同一にして、必ず崩壞を來たすを免れざるべし。然るに地方の風潮は、一般に積極的華麗なる仕事にのみ汲々たるの觀あり。地味にして內輪なる事務の整理に至ては、往々之を後廻しとするの傾向なきにあらず。其危險なることに就ては、一々玆に之を例示せざるべきも、是等は概ね業に已に世人の熟知する所なるべし。今日時勢の進運に伴ひ、外國との競爭に打勝つの必要より、我邦の發展を圖るが爲め、自治團體の積極的經營を旺ならしむるは固より望ましき事なれど、其望ましきだけ其れだけ、玆に更めて事務整理の急施を切望せざるを得ず。

八 統計事務

一 産業統計を確實にするは、之を材料供給者の德義心に訴ふるの外あることなし。外國にては國勢調査といへば、皆之に材料を提供するを以て、一の名譽と心得、恰も義勇兵の積りにて其事に當らざるなし。

一 國民の德義心は、愛國心に訴ふることが必要なり。愛國心は、戰爭の時に限らず、國家政務の資料たるべき、此種の事業に就ても、亦之を發顯せしむるが肝要なり。

一 統計は學術にして、又行政事務なり。

一 統計は、政策の方針を決定すべき重要の資料たり。

一 統計は立法の効果を證明するの資料なり。

一 國勢調査は、社會學、國家學等の基礎なり。又經濟問題の基礎ともなる。

一 統計には、統計上必要の爲めに調査するものと、行政事務の結果に依るものとの二種あり。

甲 國勢調査

乙 租税、輸出入、警察、裁判等

一 產業統計には、概して想像的の調査多し。國家政務の材料たる統計を作るに、此の如き無責任を以て當ることは、甚だ遺憾なり。報告を出すに就ても、昨年は如何なる報告を出せしか、又其時の調査は如何なる方法に依りしか、又本年は調査方法を如何に改め、又其増減は如何なる事由に基きしかを明瞭ならしむることが必要なり。

一　統計の單位の如きは、一斤なりや一貫目なりやが、全く不明のもの多し。特に注意を要す。

一　或縣にては、屑絲を報告するに、日本全國の産額を掲げしものあり。又生絲を報告するに、百萬斤とせしものあり。其後年々減少し、遂には一萬斤に下れるものあり。其事由を質問せしに、最初數字に〇の付け方が多かりし爲め、急に之を減ずることを得ず、一つ宛を減じ來りしなりとの旨を答へたるものさへ之あり。

一　統計は大部の材料に對して、少からざるの心力を勞すべし。されど其製表として顯はるゝものは、僅か紙一枚に過ぎざるもの多し。而も其職業は極めて地味にして、餘り榮達の望もなし。然れども世間の餘りものにては、到底此事業の發達を期するを得ざるに依り、先づ其人を養成することに努力せざるべからず。

一　其人を養成するが爲めには、講習會の如き、最も必要なるべし。されど可成鋭敏にして注意深く、特に斯業に趣味を有する人を選び、給料を增して其待遇を良くし、之をして他に轉ぜしめざるの工夫をなすが肝要なり。

一　青年會に統計部を置き、村內を數區に分ちて受持の部員を定め、其部員に於て勸業其他の統計を調查し、役場は之を集計するの方法を實行せるもの、福島縣立子山村の實例なり。斯は統計の確實を期するの利便あるのみならず。亦以て一般に統計思想を養成するの一方法たるを得べし。

二　事務整理の實例

一受付にて受付たる文書は、郡長に於て之を檢閱し、同時に大體に於て、處分方法を授く、例せば別に照會を要せず、郡衙の材料にて取調べ得るものは、『内部處理』の印を押し、示達を出すも各町村に發するに及ばざる場合は、『部分關係』の印を押し、出張して取調又は處分を要するものには、『出張處理』の印を押し、注意を要するものに就ては、朱書を以て文書欄外に其處分の要旨を示す。回答の迅速を期するが爲めには、往復用紙の調製、經由文書の交付簿、指令命令の類は寫を取らず、本簿に發送年月日、文書の要旨を記し、會議案に代ふるを可とす。會議用紙には成るべく半切を用ふべし。又用紙は洋紙を用ひて『インキ』にて記載するも可なり。

一町村數八十三、小學校七十八の多きに及ぶが爲め、訓令、告示、通牒、照會等は、郡報を發して之に登載す。郡報は一週間に一回の發行

なり。(和歌山縣西牟婁郡)

一 郡役所又は町村役場より、上司へ報告又は進達するもの、或は郡役所、町村役場、學校限り整理すべきもの丶中、重要なるものを類別して、之に法令、規則、通牒、照會等、其甚く所を附記し、向ふ五箇年間の欄を設けて處分毎に其年月日を入れ、之を郡役所にも、町村役場にも備へ置き、巡視の際にても、之を一見すれば、直ちに其遲速延滯を知ることを得せしむ。(滋賀縣愛知郡)

一 錯雜なる地方事務に從事するには、身體の健康を必要とし、又一面に於て、吏員不健康なるが爲め、公衆に迷惑を及ぼすが如きことありては、不都合なるべし。此見地よりして、縣廳吏員の健康診斷を行ふこと丶なし、警察の醫師をして之を施行せしめたり。診斷は健康者、痼疾者、疾病の初期に在る者、及び傳染性の疾病者なる四種に分類したり。其結果に據れば、官吏、吏員、給仕、小使を通じて、總員百五十七人ある中、傳染性の疾患ある者七名を發見したり。此等の疾病者中、已むを得ざるものは、旨を諭して退職せしめ、又疾病の初期にあるものには、相當の治療を施して、健全なる身體とならしむるの方法を採れり。(德島縣)

一　縣廳所定の出納規定に基き、毎月一日出納檢査報告を爲さしめ、之と同時に町村税の徴收額、收入額、並に未納額をも報告せしめ、之を調査して未納の多き部分には、督促を加へて、之が完納を期せしむ。(石川縣羽咋郡)

一　納税奬勵の爲め、黄と白との旗を授與し、之を區長の門前に樹てしむ。白旗は納期までに皆納したるもの、黄旗は納期後二日までに納めたるものとす。之に依りて各部落に、競爭心を生ぜしめ、其成績頗る

良好なり。（群馬縣）

一　徴税令書が配付せらるれば、其日の中に税金を伍長の所に屆け、十何年の間變らぬもの、一村中五人あり。中には年齡七十にして、歩行不自由なる者あり、而かも子供の不在なるに係らず、克く完納して、以て今日に至れり。此に對して村長は、納税模範者といふ番傘を與へしに、同人は爾來之を家寶として保存せりといふ。（大分縣南海部郡）

一　郡内箱崎村は、從來滯納者多かりしが、滯納處分の際、差押へたる動産を、總て役場に引上げ、其人夫賃は、之を滯納者に支拂はしむることゝなし、尙植林奬勵の爲め、青年會に無代下附する苗は、納税成績の佳良なる部落に對して、多く之を配附することゝしたるに、之が爲め納税の成績著しく良好なるに至れり。（長崎縣壹岐郡）

一　浮羽郡には、戊申詔書の煥發ありし翌年より、記念研究會なるものを起せり。毎月第三の土曜日に此會を開き、吏員此に出張して、視察談を爲し、又は會にて雜誌圖書を購讀し、之に依りて感じたる所を談話せしむ。（福岡縣浮羽郡）

一　飲酒の弊を防ぐが爲め、晝餐會をも此會にて之を行ひ、又忘年會の如きも、簡單に此會にて濟ますことゝせり。會費としては各月給十五分の一づゝを積むことゝせり。（福岡縣浮羽郡）

一　福井縣にては、毎月第二土曜日に、談話會を縣廳内に開き、縣廳員は勿論、福井市内の縣立學校職員等も、同じく此に集合して、共に談話會をなし、或は視察の結果を報告することゝせり。足羽郡にては郡長が、毎週土曜日に、郡役所員を集め、漢學及法律の研究を爲し、法律の講師には郡長自から之に當り、漢學の講師には師範學校より其講師を招聘するを例とす。（福井縣）

一　京都府にては、勸業茶話會なるものを設け、毎月一回之を開會す。此會にては、名士を聘して其說を聽き、又出席の會員を指名して、五分間の演說をなさしむ。廳內勸業課中にも、亦共同會なるものを設けたるあり、會員をして信用組合の事務に通曉せしめんことを期せり。殊に各自の信用程度が、之に依りて定めらるゝが故に、各自相戒めて謹愼自重する所あるに至れり。（京都府）

一　西蒲原郡にては、毎月一回、郡長以下郡役所員相集りて、研究會を開く、目下憲法及町村制に就て研究中なり。其方法は、前回に於て講義すべき人を指名し置き、其指名せられたる人が講義を爲し、他の人は之に對して質問を爲すことゝせり。右の外讀書會の設けもあり、毎月拾五錢づゝを出金して、雜誌、書籍等を購入し、之を回覽することとせり。中學校職員及郡役所員主となりて、町村役場員も亦之に加入

せり。(新潟縣西蒲原郡)

一 縣廳内に研究會を組織し、知事を會長とし、各課員總て之が會員たり。本會の目的は、官吏たるの品性を修養せしめんとするにあり。總會に至ては、必要ある場合に限りて之を開き、部會は毎月一回之を開會し、事務に就ての打合せ、或は學術の攻究を爲す。又講學會なるものあり。屬官及び雇員より成り、事務官等に依頼して、憲法、行政法、法學通論等の講義を、毎日退廳後又は執務時間前に受けつゝあり。又給仕の訓育に就ては、縣屬、縣視學等が其教師となりて、毎日退廳後より、普通學科を教授しつゝあり。以上の方法は、各郡にても漸次行ひつゝあり。(徳島縣)

一 學校の建築を公債に依らしむるときは、華美に流るゝの弊あらむことを畏れ、群馬縣多野郡藤岡町にては、之を繼續事業となし、毎年三千圓位の金を積立て、一棟づゝ建築するの方針を取りつゝあり。

一 滯納矯正の一策として、群馬縣多野郡藤岡町の例を擧ぐれば、同町にては、日掛切手の方法にて、納税貯金を行ふ。一日に二三錢なり。目下加盟戸數八百餘戸、毎日使丁二人を廻して、切手を貼らしむ。一箇年の所要切手は、七千二百圓に上るといふ。其手數料としては、二百五十圓の收得あるを以て、之にて事務員及使丁の給料及筆墨料を支辨すといふ。

一 租税の滯納を矯正するの策として、諸税完納票なるものを作り、納期内に完納したる者に附與して、之を戸外に掲示せしむる所あり。北海道松前郡吉岡村に使用せる該票は、幅三寸長さ八寸許りの木札に係り、金文字を以て『諸税完納票』と記す。(北海道)

一 區長、農區委員、衞生伍長の代りに、外勤書記を設くる所あり。山口縣佐波郡防府町にては、町内七區に、各一名の外勤書記あり。各種令達の徹底、戸別割賦課材料の調査、就學督勵、租稅滯納等、諸般の事務に當る。同町に於ける外勤書記執務要項は、左の如し。

毎日區内を巡視し、且區の總ての事情を調査す。

區内の現住者名簿を備へ、異動の都度之を加除す。

毎年四月一日、及び十月一日には、各戸に就きて、特別調査を行ふ。

常に構戸者の資産及び生活狀態を詳細に調査し、戸數割等級を定むる的確の材料となす。

常に營業者の營業狀況を調査す。

納稅者に對して、令書を傳達す。

滯納者あるときは、之が督促整理の任に當る。

學齡兒童就學奬勵、及出席督促の任に當る。

町役場各係、諸般事務の實施補助をなす。

人民より提出すべき願届書にして、急を要せざるものゝ取次をなし、便宜を與ふ。

毎月三回、町役場に出勤す。

一 都會地に於ては、借家人の出入常なきを以て、之が公租怠納の豫防策を講ずることは、極めて必要の事なり。久留米市にては、市内の各町に組合を作り、貸家法と稱する規約を締結す。其方法は大略左の如し。

借家へ居住するときは、身元保證金を組合に差出さしむ。

家主は、借家人の身元保證人たるの義務あるものとす。

借家人の諸上納は勿論、町内の費用を期日内に出金し能はざるときは、身元保證金より之を差引く。

規約に係る諸般の事務は、區長に於て之を取扱はしむ。(福岡縣)

一 事件の重要ならざるものにも、一々指令を交付するは、稍々煩に失すべし。宮城縣にては、此趣旨によりて、桑苗木交付申請の如き、事の簡易なるものに就きては、其不許可の場合に、一々指令書を交付せず、願書の餘白に於て單に、(年月日不許可宮城縣知事)と刻せる護謨印を押捺して、之を出願人に交付す。

一 宮城縣農會にては、農事の實地指導に從事する外勤員よりは、別に勤務復命書を提出せしめず、只調査要目を印刷したる手簿を調製して、之を交付し置き、日々相當の欄内に之を記入せしめ、翌月五日には其手簿を切離して送付せしめ、之を以て勤務報告に換ふといふ。(宮城縣)

一 滯納の弊を防ぐには、納税をなるべく簡便ならしむるの必要を感じ、靜岡縣濱名郡積志村にては、役場より徴税令書を村内金融の中心たる積志銀行へ配付し、銀行は預金者各自の預口より其納税金を拂戻し、之を取纒めて、直ちに役場の預金口座へ振替計算し、現金を動かさずして確實に納税を完了するの方法を採れり。尚納税者にして銀行へ貯金せざるものゝ爲めには、納期前四日間、各部落へ、一日宛收入役を出張せしめ、徴税事務を取扱はしむる等、專ら納税者の便宜を計れりといふ。（靜岡縣）

五　地方財政の要綱

イ　地方財政一斑

一　地方團體は、國家組織の一部なり。國家が行政の目的を達するの一方法として、其事務の一部を委任したるものに外ならず。されば地方團體最終の目的は、國家にあり。國家は主にして、地方團體は從たり。

隨て地方團體の財政は、國家の財源に支障を及ぼさゞる範圍に於て、之を計畫せざるべからざるは辯を俟たざる所にして、國家が地方團體の特別稅新設、附加稅の制限、并に地方債等に關して、許可を受けしむる所以のものは、一面は地方財政の公正を期するにあるも、其主とする所は、國家の財政に障碍を及ぼすことなからしめんとするにあり。地方財政の局に當る者は、常に此趣旨に依りて財政を調理し、其指導を誤ることなきを要す。

一

稅源の根本は、人民の富力に在り。各國に於ける一人當りの富力と所得とを比較するに、一人當りの富力平均は、英國三千圓、北米合衆國二千三百五十圓、獨逸千五百圓にして、我邦は僅かに二百五十圓に過ぎず。又一人當りの所得平均は、英國三百六十圓、佛國三百十二圓、北米合衆國四百四十圓、獨逸二百四十七圓にして、我邦は六十圓を出です。富力増進の計としては、官民の一致を以て一層努力せんことを要す。

一　租税の原則たる應能主義は、租税報償の性質を有せずとの點より見て、固より正論なるべしと雖も、地方税に就ては、原則として應能主義を採り、尚從として應益主義を斟酌するの餘地を存す。即ち地方團體に在ては、其施設に係かる或種の事業に依つて、團體一部のものが特に利益を受くること甚だ明確なる國家事業の夫とは、少しく異なるものあり。斯くの如き場合に於ては、之に對して、特別なる負擔を爲さしむること、亦敢て不當にあらず。例へば市町村に於て道路、下水其他の事業經營に依りて、土地家屋の價値、及び營業上の收入を増す場合の如きは、應益主義を斟酌して、重きを税種の選擇に置くこと最も必要にして、土地家屋營業を根基とせる課税、若くは夫の財産税、特に不動産移轉税の如きは皆之に屬す。我邦に於ける歩一税の如きも、或意味に於ては、卽ち應益主義を適用せるものと認むることを得べし。

一 不均一の賦課と、特別税との區分に就て、往々紛はしき場合を生ずべきが故に、爰に其區分を明にせんに、營業税、雜種税中の或税目、例へば漁業税、又は船車税の如きものに限り、附加税率を低減するに止まるものは、何れも不均一にして、漁業税又は船車税に對しては、全然附加することをなさず、他の税目のみに課税する場合は、之を特別税なりとす。

一 地方課税に關する制限法が改正せられてより、宅地と其他の土地とは、各其附加率を異にすることゝなれり。此異なりたる率は、卽ち各地目に對する負擔の均衡を得しむるの目的に出でたるが故に、此法定附加率に比例して、税率を定むるものは、不均一の賦課にあらず。隨て地租一圓に付き、十錢若くは五錢となし、各地目同額の税率を以て賦課するものは、卽ち不均一の税率なりとす。又地租附加税は、地租の全部に賦課すべきものなるを以て、宅地田畑のみに附加税を課することを得ざるものなり。

一　宅地、其他の土地に對する課率を定むるに當りて、本税一圓に對する税率の毛位以下を切上げ、又は切捨て、之を厘位に止めたる結果、各税率の比例に多少の相違を見ることあるも、是は不均一の賦課と認めざるの取扱振なり。

一　戸數割の賦課に關して、一定の標準を立つること固より必要なりと雖、是れ亦頗る困難なる問題なり。適當なる標準を見出さゞるに係らず、强て之を設けたるが爲め、課税の公平を失し、再び見立割の舊に復せるものすらあり。標準の設定に就ては、特に注意あらんことを望む。

一　戸數割賦課の標準に地租、所得稅、及び營業稅等を加ふるもの多し。隨て其標準にして公平を得ざるときは、地方稅の制限を設けたるの精神を滅却するに至るべし。是れ亦注意を要すべきの點なり。

一　府縣雜種稅の種類たる、もと甚だ雜駁なるものあり。之が整理に關しては、研究するの要あるを認む。例せば收入額僅かに數圓にして、徵收上少からざる手數を要するものあるは、往々にして見る所なり。可成徵收の手數を少くして、收入の多額なる稅源を見出すことが最も肝要なり。

一　市町村の特別稅は、先づ附加稅を課し、尚且足らざる場合に於て之を起すが、固より順序宜しきを得たるものなりと雖も、奢侈に屬するの物件に對しては、縱令附加稅に餘裕ある場合と雖も、之を賦課するを可なりと信ず。之に關しては已に許可せられたる實例も少からず。

一　特別税を起すに就ては、深く左記の點に注意を要すべし。

イ　利潤を低減し、産業の發達を阻碍するの虞なきや否や。

ロ　課税の目的、幷に課税物件の選擇に就ては、産業の按排を攪亂することなきや否や。

ハ　課税に依りて人民の生活に及ぼす困難の程度如何。

の三項、即ち是れなり。

一　課税物件、若くは課税の種類選擇上に於ける注意は、左の如し。

イ　食料品に對しては、課税を避くること。

ロ　徒らに手數を要し、收入と釣合はざるの課税を爲さゞること。

ハ　税源の枯渇を來たすが如きものに對しては課税せざること。

ニ　負擔の轉嫁せざる物件たること。

ホ　負擔力く給付力あるものに對して、可成一般に及ぼすものたることの五項卽ち是れなり。

一　納稅者の納稅に對する觀念を養成して、納稅義務の重大なることを知らしむるは、徵稅上極めて必要の事たり。然るに目下の狀況に徵すれば、之れが爲め諸種の工夫をなせるもの尠からず。今少しく其事例を擧ぐれば、

イ　納稅期日表を印刷して、各戶に之を配付すること。

ロ　納稅期を通過するときは、納稅者に於て不利益なる手數を要し、迷惑少からざることを知らしむること。

ハ　納稅の準備期間を與ふるが爲め、告知書、徵稅傳令書、及徵稅令書の配付を、納稅期限に切迫せしめざること。

ニ　納期に當りては、夜間其他納稅者が便利とするの時間を利用し、

徴收事務を取扱ふこと。

ホ　各部落中、申合せ納付の手續を爲すこと。

ヘ　滯納の虞ある者に對しては、豫め注意を與ふること。

ト　納稅人の多數ある地に於ては、役場の納稅口を多くし、納稅人をして時間を空費せしめざること。

チ　遠隔にして不便なる地には特に出張徵收を爲すこと。

リ　國稅、府縣稅、及び市町村稅の間に、輕重の差別なきことを知らしむること。

ヌ　各種會合の場合には、務めて納稅義務に對するの心得を注入すること。

ル　小學校敎員をして、生徒に對し、納稅義務の重大なることを敎へしめ、以て之を父兄に及ぼさしむること。

ヲ　獎勵の爲めに完納したる部落に對して、納稅旗を付與すること。
ワ　滯納者に對しては、處分を厲行すること。
カ　納稅準備の爲め納稅組合を設けしめ、日懸月懸の法を行ふこと。
ヨ　徵稅事務に從事する吏員は、誠實と熱心とを主とし、納稅者に對しては、誘掖指導を加ふること。

一　納稅獎勵の方法として、納期に完納したる者に一定の金額を交付する向あれども、斯は納稅義務の觀念を養成するの途にあらず、漸次廢止すること可なり。

一　滯納者を役場に召喚して、其の不心得を懇切に諭示することは、適當なる措置なるも、其の出頭せざるものに對して、警察犯處罰令に依る處分を加ふるが如きは妥當ならず。

一　納期日迄に完納したる氏名を役場の門前に掲示し、又は納期日迄に完納したるもの、領收證には朱色印を用ゐ、期限後の納付者の領收證には青色印を用ゐて、兩者の區別を爲すが如きは、一の奬勵方法なるべし。

一　市に於ては郵便振替貯金の方法に依りて、納税を爲し得る途を啓くは、納税者の利便たるのみならず、滯納の弊を除くの一方法たり。

一　私人が地方團體に對して寄附を爲すは、公共心の發動にして、最も多とすべきものなるも、寄附には往々にして弊害を伴ふものなきにあらず。卽ち種々の條件を附し、名を寄附に藉りて、其實地方事業を分捕するの用に供するが如き例少しとせず。又或種の建築物の寄附を受けたるが爲め、地方團體が其維持經營の費用を繼續して、之を負擔せざるべからず、一層急務とすべき事業も、之が爲めに後廻しとせざるべからざることとなしとせず。隨て寄附を受くるに當りても、深く其利害を稽査し、遺憾なき樣處理することを要す。

一 改正市制町村制に於ては、收益の爲にするものを以て基本財產と爲せり。故に市町村有の土地建物は、收益を生ずるものと、又單に行政の用に供せらるゝものとは、之を區別し整理せざるべからず。

一 市町村が其の公益を增進するに必要なる場合等に於て、負債を起すよりも基本財產を運用することが、財政上得策なる場合には、相當積戾の方法を定めて之を運用するを可とす。

一 地方團體の經費は、漸次に膨脹し、課稅も亦增嵩を呈しつゝあるが爲め、他に適當なる財源を求むること、極めて必要なり。此時に當りて、公營事業を起し、住民の福利を增進すると共に、財源の一端たらしむること、亦其一方法たるを失はず。其事業の選擇に關しては、純然たる營利事業は之を避け、住民の公益を主眼とするものにして、而かも獨占の性質を有するものたるを必要とす。例せば水道、電氣、輕便鐵道、瓦斯、溫泉、屠場、家畜市場、塵芥燒却場等の如きものに係り、既に地方團體に於て之を經營し、其成績亦既に擧れるもの多し。

一　地方團體に於て、前記事業の收入全部を費消するときは、機械等の保存期限を過ぎ、設備の改修を要するに當り、更に其の資金を他に求めざるべからざるの不都合あり。故に收入の一部を以て減損補塡基金を積立つること肝要なり。

一　地方債の償還期限は、出來得る限り之を短縮せしむるの取扱なるも、公營事業の爲めにする起債の如きは、事業の收益確實にして、之を以て償還に應じ得べきものに在ては、强ひて償還年限を短縮するの必要なし。收益を以て償還に應ずるときは、人民の負擔を增すことなく、負擔を增さゞれば、其餘力を以て他の事に應ずることを得べし。外國には、收益事業に要する公債の償還期限長期のもの頗る多し。

一 歳出豫備費の支出は、理事者限り之を施行して差支なき筈なるに、府縣郡參事會等に諮問したる上、之を施行するもの多し。されど諮問に對するの答申は、固より理事者を拘束するの効力なしと雖も、一旦諮問したる上は、事實に於て其答申を採用せざるべからざるの結果を生ずるに至るべし。故に事の重大なるもの、又は異例に屬するもの等は、格別なりとするも、原則としては豫備費の支出を諮問するが如きの事なきやう、之を避くるを可とす。

一 地方團體歳出に屬する補助費は、公益事業の發達を期するが爲めに必要なりと雖も、之に關しては諸種の弊害を伴ふものあるを以て、補助を與ふべき事業の適否等に就き、深く注意を要す。例せば勸業に對して補助を爲さんとせば、其補助を受くるの事業は、果して其地方に於ける一の産業として發達せしむるに足るものあるや否や、其生産物は如何なる方面に需要せられ、其需要者は如何なる關係にあるものなるや、企業者は確實のものなるや、企業の方法は適切なるや等、各種の方面に渉りて調査を爲すの必要あるべし。隣の團體に於ても補助せりとの故を以て、直ちに採つて自己も其例を開かんとするが如きは、深く考慮せざるべからず。

一　補助の期間は、可成之を豫定するを可とす。且其期間を設くるに就ては、其補助を爲すべき事業が、果して豫定の期間を以て獨立し得るや否や、其補助期間の終了後に於ける事業の興廢如何等を考察せんことを要す。

一　一時補助の方法として、建築費若くは設備費に對し、特定補助を爲すが如きも、亦最も有効なるべし。例せば試驗室の建設に對し、若くは事業改良上必要なる機械購入費を指定して、補助をなすが如きの類即ち是なり。

一　經常費に對して、永久に亘るの補助をなすが如きは、之を受くるもの、依頼心を誘發するものにして、適當なる方法にはあらず。

一　補助規定を設けて、補助の條件を嚴守せしめ、之に對して監督を厲行するは、補助の目的を達する上に於て、固より必要なり。多額の補助金を得んが爲め、殊更に事業費を增加し、甚しきに至りては、虛僞の豫算、若くは決算を作りて、多額の補助を得、事實に於ては、補助金のみにて、事業を遂行したるが如きは、行政上不都合たるに止まらず、刑事上の制裁あるものにして、近年之が爲め處罰せられたる事例も少なからず。補助を爲すものも之を受くるものも、共に心得違なき樣注意すること肝要なり。

一 上級團體の補助には、下級團體の事業を誘發せしむるの傾向を免かれざらしむ。例へば市町村に於て、上級團體の補助あるが爲め、不急の土木を起し、延いては獨り財政の調和を紊したるのみならず、其竣工せる道路も亦之を使用することなくして、草茫々たるに一任するの觀あるもの丶如き、即ち此類なり。又會社、組合、若くは一個人の如きも、地方團體の補助を目的として、事業の發起を爲し、一朝補助の廢止に遭遇して、事業直ちに廢滅に歸したるの事例も亦少しとせず。其結果は産業上の發達を阻害し、經濟界の攪亂を惹起するに至るべし。

一 市町村に於て、舊慣上今に存在せる協議費の如きは、全國に渉りて、五百七十餘萬圓を算じ、市町村費、及び水利組合費の約百分の六に當れり。而かも其費用の内容に就ては、市町村に於ける公の費用として見るも、固より差支なしと雖も、例せば道路、橋梁、用惡水路、溜池等の費用を包含するを以て、是等は市町村費に移し、之を整理するが當然なるべし。

ロ 基本財産造成の實例

一 基本財産造成の手段として、一定の期限を定め、長年月に連續して、毎年幾回かの農事品評會を催し、其出品物を小學校に寄附するの方法を採れるものあり。東京府西多摩郡戸倉村にては、其期限を五十五箇年とす。尚同村にては三百餘町歩の村有林を甲、乙、丙の三種に分てり。即ち甲は、村自ら植樹を行ふものに係り、乙は部分林にして、中産以下の者三名以上、造林組合を設けて、出願したるときに、之を許可したるものに係り、植樹の報酬は成功の歩合に依ることゝす。丙は植樹に適せざる山林にして、薪炭材を養成するものとす。

一 群馬縣多野郡藤岡町にては、學校基本財産蓄積の方法として、生徒に毎日二厘宛を積ましめ、教師は五日に一錢宛を集め、卒業者よりは、五圓以下の寄附金を爲さしむ。同町は商業地なるが故に、此方法を取るも、さまでの弊害なきもの丶如し。

一　部落有土地を關係部落民に特賣して、其代金の全部を寄附せしめ、村は之を以て別に適當の造林地を購入せるの實例あり。島根縣鹿足郡にては、郡内只一町を除くの外、何れも此方法に依りて部落有財産の統一をなせり。

一　地租に減租ありたるを機とし、其減租額の幾分を蓄積するの企をなしたるは、富山縣に於ける一の實例たり。縣下作道、横田、西加積、南加積の四箇村にては、既に條例を設けて、其十分の一を蓄積することとなせり。

一　岐阜縣稻葉郡常磐村にては、各大字より、村基本財産として、五千圓を醵出することゝし、村税負擔額を標準として、之を各大字に配當し、同時に部落有財産を賣却して、其資に當てしめ、財産寡少の部落は、年賦を以て之を出金せしむることゝしたりしが、其計畫は四十一年に完了せり。

一　岐阜縣揖斐郡久瀬村にては、部落毎に一團地づゝの提供をなさしむることゝし、地味の良否により、一戸當り二段八畝歩、乃至三段三畝歩の標準を以て、合計百八十六町歩の山林を村に寄附せしめたり。

一　村内に物産品評會を開き、農家より必ず一點以上の出品をなさしめ、其出品物を學校基本財産に寄附せしむるの實例あり。埼玉縣兒玉郡秋平村の如きは、即ち是れなり。

一　町村に滯納多く、支出に差支へたる如き場合に、基本財産を利用するは、往々にして見る所の弊風なり。福島縣安積郡にては、此弊を杜絶するが爲め、郡內各銀行と協議し、町村長が、預金通帳に依りて保管せる基本財產を、銀行より引出す如き場合には、必ず郡長の認印を要することゝなせり。

一　滋賀縣甲賀郡には、赤十字備林と稱する植林地あり。故松田郡長の創意に依りて設置せられたるものなり。此郡にては、明治廿九年、卅年及卅四、五年の交に於て、赤十字社員の大募集を爲したるがため、交付金五百圓に上りたりしが、徒に之を消費せざらんことを期し、且年醵金の皆納に依りて、終身社員のみとなる曉には、歩合金の交付なきに至り、之が爲め經費の支辨に困難を生ずることあるべきを慮り、遂に之を基として造林を經營し、基本金造成の一策となせるものなり。且之を社員たる個人の共有として、部分林の法に依り之を經營す。

一　學校を愛慕するの情を養はしめ、以て基本財產の造成を圖るも、最も巧妙なる一の手段なりといふべし。此方法は、三重縣一志郡鵠村々長黑瀬修二の考案したるものにして、近來追々各地にも行はれんとす。（三重縣一志郡鵠村學校基本財産蓄積規(二一六頁)參照

八　公有林統一

一　我邦に於ける町村林は總計百餘萬町歩にして、森林全面積の百分の四を占め、就中部落有林は合計三百七十七萬町歩にして、町村林に對すれば三倍七分餘の多きを占む。今歐洲に於ける森林收入の狀況を見るに、アルサス、ロートリンゲンに於けるバルトと稱する一村にては六千三百町歩の森林を有して、其年收入は十四萬二千五百圓を生ずるあり。瑞西のチユーリニ市に在ては、一千百五十町歩の森林を有して、五萬六百圓の年收を有せるあり。是に由つて觀るも、公有林の整理は我邦に於ても益々有要なるを見るべきなり。

一　森林事業は、永久に成るべく均一の收入を擧ぐるを目的とするが故に、頗る安固なる性質を有す。又已に一定の計畫を立て、連絡を保ちて經營するものなるが故に、其一部分を賣却せんとせば、全體の作業計畫を變更せざるべからずして、結局財産處分の頗る困難なるものに屬す。是れ町村有財産として最も適當なる所以なり。

一　歐洲の學者ヘルマンステッセルの著書に據れば、『森林なるものは、自然と人間とを結び付くる重要の橋梁なり』といへり。蓋し森林は、美術觀念の一源泉にして、人一たび森林に接するときは、自然に俗塵の氣を離れ、安息平和の美はしき感に打たる。其永久に町村民をして、性情を知らず識らずの間に涵養せしむるものある以上は、町村有として之を經營すること、寧ろ當然の事たり。

一　森林を町村有たらしむるときは、町村愛護の念よりして、自から火災幷に盜伐の豫防を容易ならしむることを得べく、造林と爲すに就ても、或は夫役の方法に依り、或は町村の青年をして之に當らしむるの便宜あり。隨て經濟上に有利なること多し。

一 森林が國土の保安に關係を有するの深かきことは、固より言を俟たず。而も其關係は、國家よりも町村の方に於て、一層の直接なるものあり。此點より見るも、町村に於て森林の經營を爲すことが、最も切實を感ぜらる。

一 公有林の施業面積三百餘萬町歩の中、造林を要するもの百萬町歩、林相の改良を要するもの二百十八萬町歩なりとす。之に對して松四割、杉四割、檜二割を、二十年間に植うることゝし、其輪伐年齢を松は四十年、杉は六十年、檜は八十年、卽ち平均年齢五十六年として施業するときは、年々均一に收入を得らるべき森林は、一定の段階を成して連續すべし。技術上より之を稱して法正狀態といふ。例へば松の輪伐年齡を四十年と假定せしが故に、此の法に依りて、四十年生のものを伐採するとせば、翌年には三十九年生のもの早くも輪伐期に入るべし。斯くて四十年の伐採跡に植樹したるものは、早くも一年生のものとなるべし。此の如くにして成立したる三百萬町步の材木は、約十五億八千萬圓の價を生じ、是より生ずる年々の收入は、實に七千九百萬圓を算す。今日の町村稅七千五十萬圓の如きは、優に此收益を以て償ひ得べきにあらずや。たとひいかに町村稅の膨脹が止むべからざるの趨勢にありとするも、材木の價も亦年々昂騰して、寧ろ町村稅の增加しつゝある割合に劣らざるの觀あること、是れ亦既往に於ける木價統計の證明する所なるを見よ。

一　國土保安の上に於ては、水害こそ實に我邦の重要問題たるべし。今約十箇年間の統計に徴すれば、一箇年の平均損害高として計上すべき水害に依るの損害と、復舊土木費とは、合計實に五千萬圓を示せり。何ぞ損害の莫大なるや。たとひ其原因を悉く森林の荒廢のみに歸すべからずとするも、而かも公有林野の整理に依りて、此の如き莫大なる損害の大部分を除却し得べきは、固より疑なき所なり。

一　部落有林野の整理統一をなしたるの効果は、獨り町村の財産を鞏固ならしむるのみならず、又自から部落本位の陋隘なる諸觀念を消滅せしめ、延いては町村住民の精神を統一せしめ、自治の圓滿なる發達を期せしむることを得べし。

一　部落有林野の統一策に就ては、方法や固より種々あるべしと雖も、林野統一上の模範町村なるものを造る如きは、少くも其一方法たるべし。此の如き町村として擇ぶべきものは、第一に町村の事情が、最も統一に容易なるを要し、隨て民心の克く一致するを必要とすべし。第二には其町村長が最も有力にして、町村民の尊敬を受くること篤く、且能く事業を遂行するの技倆あるものを選ぶを要す。斯くして先一二の好模範を選び、然る後漸次に他に及ぼすことゝし、縣郡の當局者も亦熱心に之が指導に努むるあらば、効果の見るべきものあるを疑はず。

一　部落民の腦裡に、財産統一の觀念を注入せんと努むべきは固より申すまでもなく、之れが爲めには講話會、講演會を開くことも、亦必要の事たるべし。要するに强制して之を行はしむるが如き遣り方は、從來の實例より見るも、失敗の跡多きのみならず、之が爲に却て立木を伐採し、山林の分割を爲すの弊ありし向もありたるが如し。故に可成懇談會の如き、和氣靄々の中よりして、之を納得せしむるを可とす。

一　統一を行はんとするは、素と多數の人を相手にするものなるが故に、町村の有力者を整理委員に舉げ、之を相談相手とすることが、最も必要なるべし。是等委員には常に村の行政に對して、反對の側に立ち居るものをも入れ、假令長日月を要するとも、之をして克く納得せしめ、然る後に其歩調を進むることを要す。殊に百聞一見に如かずとの譬喩もあれば、見事に統一を遂げたる他の町村を見せしむることが最も効果多き好方法たるべし。

一　林野の經營を爲すに當ては、單に之を杉檜等の用材林のみに止まらしめず、町村住民の最も便利なる場所に、薪炭用林をも設け、可成町村林に於て、其需要を辨ずるの方法を採るが肝要なり。

一　町村の狀況如何に拘らず、町村林を強ひて一箇所に纏むるの考案を持するもの多きが如し。勿論碁石を列べしが如く、無數の林地を置くは固より不可なるべきも、さりとて一箇所主義を採るも亦不可なり。

先づ大町村にありては、五箇所乃至十箇所位を設くるが、適當なるべし。殊に極めて小反別の林野を纏むるに當ては、一たび施業したる後、整理固より困難なるべきが故に、施業前に於て先づ之が整理をなし置かんことを要す。

一 差向き統一の困難なる町村にありては、部落有の林地に地上權を設定し、又は借地を爲して此に施業するも一方法なり。是れ亦統一の準備行爲として有効なるものたるべし。

一 山野の火入は、地積を衰亡せしめ、幷に危險を伴ふものなるを以て、之に對しては、適當の取締を爲すを要す。

一 統一を爲すには、無償無條件が最も望ましき所なれども、此事たる頗る困難なるを免かれざるべきが故に、條件付の統一も、亦已むを得ざるべし。例せば部落にて植付けたる人造林にして、立派なる林相を爲せるもの丶如きは、部落民の感情として、無條件の統一を肯ぜざるは、尤の事なり。是等に對しては、相當の報償を與ふるか、或は相當の期間之を借地となし、其部落民をして之を使用せしむるか、何等か相當の方法を採ること、是れ亦已むを得ざるの事たるべし。

一　町村林を造るに就き、調査を要すべき事項の重なるものは左の如し。

第一　町村及部落有財産の種類、數量、及管理方法如何。

第二　町村及部落有林野の調査如何。

一　配置（特に人家及農地との關係）の狀態如何。

二　面積、地勢及林況如何。

三　運搬の便否如何。

四　施業又は使用、收益の現況如何。

五　入會權の區域、態樣、慣行等如何。

第三　國有林野、御料林野、及私有林野等の概況如何。

第四　住民（殊に移民）生活の林野に依頼する程度如何。

一　住民に必須なる燃料の供給如何。

二　山稼を營業とせる住民の狀態、幷に轉業の能否如何。

第五　林野と農業との關係如何。

一　開墾豫定地、及牧場豫定地の位置、面積等は如何。

二　農牧業及住民の生活に要する、柴草等の採收に必要なる林野の面積如何。

三　將來肥料の改良及牧畜業の適否如何。

四　火入の慣行、幷に野火被害の狀況如何。

第六　其他

一　町村財政の狀況如何。

二部落の負擔に屬する費用の整理方法如何。

三各部落の民情風俗、殊に公益事業に對する住民の意嚮如何。

以上は是まで二三の縣に於て實行せるものに對し、更に理想とする所を加味せしものにして、聊參考の一端に資す。

一

統一に關して、各部落の持分に大差ある場合は、戸數人口を標準として、各部落の提供すべき面積を定む。此場合に於ても、土地に上中下の差異あり、又立木の有無を異にするが故に、土地及地上の産物を明確に調査す。土地の等級に依りて、面積を定むるが必要なり。其持分の不平等なるに對しては、面積の少き部落より、他の財産を提供するか、或は將來の事業に對して、不均一の賦課を、一定の年限間繼續するか、或は甲の部落に於ては道路を造り、乙の部落に於ては貯水池を造るが如き、利益の交換をなすか、亦方法としては、固より種々ある事なるべし。

一　たとひ統一にして成ると雖も、之に對して施業をなさゞるが如きは、甚だ遺憾の事なり。之を統計に徵すれば、現今の町村林野にして、施業方法の成立せるもの、尙ほ全體の四分の一に過ぎず。此點は特に當局者の注意を望む。且之に關しては、技術者を養成せんが爲め、縣又は郡にて講習會を開くも可なるべし。或は郡及町村の吏員として、林務の技術者を採用することも、亦必要なるべし。

一　町村林の經營に關しては、青年會に林野の一部分を貸して、之に施業せしむるあり。又は町村にて施業する場合に、青年會をして植樹の勞に服せしむるあり。此の如くにして其成績の良好なるものを表彰するの方法を設く。是亦一の好方法たり。

一　公有林の整理を奬勵せんが爲め、

一　市町村所有の林野を統一整理したるもの、

二　部落有林野に地上權を設定して、之に造林したるもの、

三　從來町村に於て造林したるもの、

此三者に對しては、政府より之が造林費に補助をなすこと〻なれり。其補助額は二分の一にして、國庫は四分の一、府縣は四分の一なり。其他整理に必要なる防火線及土地保護工事の費用に對しては、三分の一を補助す。其他府縣に於て苗木を仕立て、之を補助し、或は技術上の世話をなす等、町村林を造成するには、何れも好適の措置たるべし。

一　部落有財産の統一方法に關し、最も困難を感ずるもの〻一は、各部落に於ける所有財産の數量極めて不平等なるにあり。然れども當局者の誠意克く村民を動かすに於ては、存外容易に之が統一を期すること

を得べし。三重縣北牟婁郡に於ては、郡内三町九箇村の全町村が、其部落有財産の全部を、無條件にて各其町村有に移し、剩さへ學區の廢止をもなし、且神社中特に由緒あるものを除くの外、一町村一社の方針に依りて、之が統一を遂行したり。是れ其一例なりとす。初め郡長は、縣廳の方針に基き、町村長會議を開きて、部落有財産統一の刻下止むべからざる事由を懇說したるに、町村長も亦其誠意に感じて、極力此事に盡瘁せんことを誓ひ、若し部落民の容るゝ所とならざる如きあらば、其職を抛つべしとの決心を示せり。此の如くして町村長は、先の誓を重んじ、辭表を懷にして、何れも其町村會に臨み、極力之が成立に努めたり。是を以て早きも二晝夜に亙るの討議を費やし、長きは數十百回の協議を經て、遂に其功を奏するに至れり。

六　市町村行政の監督

イ　監督の必要

一　市町村に對する監督の主眼とする所は、國家を組織する所の細胞たる下級團體の鞏固を圖り、兼ねて國家内部の結合力を鞏固ならしむるにあり。監督の範圍及方法に至ては、市制、町村制の規定する所たり。然れども現狀を以て之を見るに、上級廳の監督、尚未だ遺憾なしとい ひ得ざるものあるが如し。

市町村の事務能く整理せる以上は、上級官廳は最早之に對して煩雜なる干涉を要せずして、寧ろ重きを助長行政の事務に置きて其發展を企圖すべきが當然なるべし。然れども今日地方に於ける狀況を見れば、一萬二千餘の市町村にして、事務の整理十分なりと公言し得るもの極めて稀なるが如し、近時府縣に優良町村なるもの、漸次増加しつつあるは誠に喜ぶべし。然れども中には、名實相伴はず、一度優良町村と謡はれたる團體の理事者にして、或は文書を僞造し、或は公金を消費したる等の事實を往々聞く。監督者の側より見れば、是等の團體も、或程度までは、事務も能く整理し、世間も之に對して相當の尊敬を拂ひたるものならん。斯くの如きの團體にして、尚且斯の如き事實なきを保せず。是れ甚だ憾むべしとなす。若し夫れ甚しきものに至りては、殆んど言ふに忍びざるものあり。或は公務を廢して、選擧運動に狂奔して怪まざるあり。或は候補者の運動費を私飽して恬然たるあり。或は町村の投票を取纏めて、之を候補者に賣り付くるが如きものあり。蓋し此の如き徒輩が、苟くも進んで町村名譽職の地位にあるは、一も町村を以て念とするが爲めにあらず。寧ろ己れが政治上の小野心を充たさん爲めの手段たるに過ぎず。隨て誠實に町村事務を見るの念を存することなく、又一も町村人民の福利を增進するの誠意なきは固より怪むに足らず。是の故に府縣郡費を以て、道路の改修を爲し、若くば中等程度の學校を施設せんとするが如き際には、一も府縣民全體の利害如何を顧みることなく、徒らに之を自己の町村、若くは其附近に引付けんとして、之が爲めに狂奔するもの、概ね皆然らざるなし。目的とする所は、自己の勢力を樹立するにあり。故に運動の爲めには、町村に於ける必要の有無を問はずして、公費を濫費すること亦度あることとなし。斯の如き事實は、全國を通覽するに、決して珍しとなさず。今假りに斯る町村の狀態を以て、之を人體に譬ふれば、其れ猶ほ不治の惡疾に犯されたるものゝ如きか。其他、輕微なる此種の疾病に罹りつゝあるものに至ては、其數や蓋し尠しとせず。されば今日の急務とする所は、監督の責任あるものが先づ死に瀕するものを治療するの覺悟を有するに在り。之を是れ思はず、悪疾の爲め、既に瀕死の狀態にあるものに向ひて尙依然として健全なる人に臨むが如く、徒らに特殊慈善の事業等を云爲し、積極の施設に努力すべきを望むとせば、其効なきや固より明かなり。監督の急務は最も此點に在るべし。

ロ 監督の普及せざる原因

一 監督の急切なること此の如くにして、而かも其行はれざるや久し。今町村の第一次監督廳たる郡衙に就て之を見るに、從來監督の十分ならざりし點に就て、種々の辯解は、固より之あれども、要するに何れも常に多忙なると、人手の不足なると、及旅費の不足なるとの三點を以て、其口實となすものゝ如し。素より或大郡若くは特別の事業を有する郡などは例外なるべしと雖も、大多數の郡にありては、郡自體の事務至て乏しきが常なり。試に其歳計豫算を點檢せんか。郡會議費の外僅少なる勸業費の補助、教育費の補助、里道に對するの補助、幷に公會堂費等を計上する位に過ぎず。斯の如き郡にして、尙且多忙なりとするの理由其れ何れにあるべき。今之を分析すれば、或は社交に關するの事あり。或は赤十字社員、愛國婦人會員の募集に關するの事あり。之が爲めに多忙なりといふに止まる。然れども其事たるや、多忙は卽ち多忙なるべきも、是れ固より公務の多忙には非ずして、寧ろ私事の多忙なり。私事の多忙を以て、公事を放擲すべからざるは、固より辯を俟たず。人の不足なりといひ、旅費の不足なりといふ、亦然り。小學校の開校式、町村役場の開廳式、褒賞授與式等の如き、儀式張りたる事柄には、郡役所より數人の出張を見ること、固より稀なりとせず。されど中には、其要否の疑はしきものさへ之なしとせず。此の如くにして人手も不足し、旅費も不足すといふは、果して其當を得たりとすべきか。適當に人を使ひ、適當に旅費を遣ふあらば、管内町村の巡視監督を爲すが如き、固より敢て遂行し難からざるべし。靜岡縣富士郡に於ては、總ての郡書記に、町村監督の事務を知悉せしめ、各自其擔任事務に關して出張を爲す場合には、必ず町村の事務を視察せしむる事となせり。之が爲め人の上に於ても、將た又旅費の上に於ても、多くの節約を敢てするを得たりといふ。されば他郡に在ては總て旅費の増額を請ふに至りたりしも、獨り此郡に於ては、其事情を具して、増額を拒みたりといふ。事素より總ての地方、總ての人に對して、一樣に適用し難き所ならんも、常に此心を以て其用を誤らずば、監督の周到も亦敢て期し難きにもあらざるべし。若し果して旅費眞に不足を告げ、人手亦眞に不足なりとせば、相當の増額を求むるも固より可なり。是の故に以上の三點を以てしては、決して監督の周到を缺ける何等の理由となすには足らざるべし。監督者の薄志弱行、若くは監督に左まで重きを置くの念慮なく、又は監督の形式に流るゝなどが、恐らく監督不周到の原因たるにはあらざるか。

八　監督上の注意

一　監督者は下級團體に對し、冷靜にして而かも賞罰倶に公平適確ならんことを要す。然れども其最大切なるものに至ては、事に當りて懇切なるを要するは、是れ亦勿論の事なり。監督の本旨は、素と被監督者を苦しむるが爲めにあらず。寧ろ之を救濟するにあることを忘るべからず。故に監督の實擧らざるが如き監督者は、往々にして地方有力者の爲めに輕侮せられ。爲めに反抗を買ふの例に乏しからず。然れども懇切なる考を以て臨みたる監督に至ては、たとひ嚴正なるものありと雖も、之が爲めに必ずしも反抗を惹起するものに非ず。

一　監督上、上級團體の常に念とすべきは、下級團體の理事者が、不知不識の間に、法令に背き、其結果或は事務の紊亂を來たし、遂に市町村の住民に對して、意外なる損害を及ぼし、延ては市町村の基礎を薄弱ならしむるが如き事なからしむるにあり。されば下級團體に於ける事務の紊亂を匡正するが爲め、監督廳より指揮命令したるの事項は、下級團體をして必ず之に適從せしむるを要し。決して下級團體の應否に一任すべからず。換言すれば監督者の指揮命令したる事項は、必ず其結果を收めんとの覺悟なかるべからず。

一　監督上特に注意すべきは、事務の整理に在り。就中會計の整理を以て其首なるものとす。會計の整理といふは、約言すれば收入を正確ならしめ、支出をして亦適應ならしむるにあり。其意義や其れ簡明なり。

されど理事者は此簡明なる方法を實行せず。是れ恰かも個人に對する債權を、期限に至りて取立てざると一般より。此の如くにして教員の俸給等、一定の期日を以て支拂ふべきものを支拂はざるの例、往々にして之あり。就中滯納の整理に至ては、内務省の最も重きを置く所にして、曩きに良市町村の奬勵を爲したるに際し、他の點に於て成績總べて佳良なりしものも、滯納ありしが爲めに、奬勵町村の候補中より排除せられたるものあり。或町村に於ては、一面に滯納の整理を怠りつゝ、一面に一時の借入金をなして、之を支拂に充當するものさへ之あり。是等は正當に納税したるものに對し、納税以外、一時借入金の利子をまでも負擔せしむるものなり。此の如きは、豈に背理の甚しきものにあらずや。

一　次に注意を喚起したきものは、部落有財産の管理なりとす。顧みれば市制町村制の實施以來、既に二十年の星霜を經、一般の法條は大體に於て行はるゝに至りたり。然れども獨り部落有財産の管理に關する規程に至ては殆ど全國を通じて未だ行はれずといふも、亦敢て不可なきが如し。是れ單に理事者のみの過ちには非ずして、監督官廳も亦今日まで多年の間、之を等閑に付したるの謗を免れ得ざるべし。故に可成速に改善の實を擧ぐることを要す。

一　近時下級團體の財政頓みに膨脹して、市町村住民の負擔年一年に重きを加へり。是を以て各地何れも基本財産の蓄積を奬勵せざるなし。然れども其實行如何を顧みるに、條例はたゞ名のみに止まり、其實の擧らざるもの多し。之が管理に關しては、或は個人貸付をなして、一も抵當を徵せざるものあり。或は抵當を徵するも、登記を經ざるあり。甚しきは證書の書換も爲さず、辨濟の督促をも怠りて、時效に罹るものさへあり。更に或は營利會社の株を所持しながら、毫も其會社の狀態如何を精査することなく、之が爲めに甚しく危險を感ぜしむるものあり。此等の點は、特に十分の監督を要すべし。

一　市町村の起債に就て、十分の監督を加へざるが爲め、或は資力不相應の起債を爲すことあり。或は起債に據て經營する所の事業が、一朝にして輙ち水泡に歸するが如き事あり。或は短期に償還し能はざること、當初より夙に明かなるものあるに、故意を以て之を短期債となし、後日に至りて爲めに、長期債の許可を餘儀なくせしむることあり。斯る弊を矯正する爲め、改正市制町村制に於ては、起債は如何なる場合と雖總て許可を受けしめ、且つ起債の目的、利率及償還の方法を定めしめ、亦之を變更するには、更に許可を要すること丶せり。故に監督者たるもの須らく法律改正の目的を達するに付遺憾なきを期すべく、起債の初に當り、豫じめ總ての點に對して、十分の注意を拂ひ置くべきものなり。殊に高利の舊債に至ては、成るべく之を低利に借換へしめ、永年に亙るべき市町村の負擔を成るべく輕減せしむることに思を致さんことを望む。

以上は何れも監督上、重なる事項を擧げたるものとす。要するに町村の監督と巡視とを周密に勵行し、而かも形式に流れず、事情に泥まず、指導其宜しきを得ば、總ての背法過誤も、自から爲めに其跡を絕つに至るべし。

二　自治の監督指導

一　平素周到なる監督を行ふに便せんが爲め、靜岡縣に在ては、夙に郡役所に命じて、何れも不成績なる町村の臺帳を製せしめ、之に登錄せられたる町村に對しては、極力改善を促せり。此の如くにして成績佳良の域に達したるときを以て、始めて臺帳より之を除却するの方法を採れりといふ。

一　時間と經費とを節約して、視察を周到ならしめんが爲め、大阪府に在ては、町村の公簿、書籍等を、一定の場所に集めて、檢閲を受けしむること丶なせり。檢閲を了したる後、郡長は乃ち其結果を講評し、且此會を利用して、府の吏員より地方改良に關する諸般の注意を與へしめ、集合の簿册は、總て之を陳列して、會同吏員の閲覽に供す。

一　市町村の監督指導に對すの一助として、石川縣、青森縣等に在ては、市町村役場に巡視簿なるものを備へ、監督官廳より巡視するの際、若し指示事項あるときは、卽ち之に記載せしめ置き、他日巡視の際には必らず其整否を糺し、未だ完整せざるものあらば、卽ち再び期日を指定して、之が整理をなさしむ。殊に石川縣に在ては、毎月一回、定時又は臨時の調査に係れる諸報告の成績書を調製し、之を各町村役場に配付して、以て事務整理の進捗を奬勵しつゝありといふ。

七　泰西に於ける地方經營

（歐米自治の趨勢）

一　英吉利の自治體に最も貴ぶべき一の特色とする所は、中央政治の爭を、決して自治體に及ぼさゞるの點にあり。隨つて議決機關と執行機關とは、最も圓滑に相融和せざるなし。故に町村會の如きは、恰も相談會か又は親族會議かの如き感あり。

一　英吉利にては、吏員を長く勤續せしむるを以て、誇りの一となす。故に其俸給を多額にし、又は更に大なる都市の吏員に榮轉せしむる等、吏員優待の方法を講ずること、甚だ至れるものあり。

一　英吉利に於ては、概ね市町村長を無給の名譽職たらしめ、其下に高給の吏員を置くを例とし、有給職たると名譽職たるとを問はず、吏員は互に相尊敬し、相厚遇せざるなし。

一　以上の如く英國に在ては、人皆自治の觀念に強きが故に、自治制に於ける總ての方面、皆能く調和融合して、恰も無縫の天衣に似たり。

一　獨逸に於ても、亦自治體の成績殊に著しきものあり。獨逸はもと、自治制を以て、國家の機關となすが故に、國家監督の下に、自治體の事務を處理するを以て、自治の本旨となし、殊に町村の第一次監督者たる郡長の人選に注意し、郡長を督勵して、自治の完成せんことを期しつゝあり。

一　佛蘭西に在ては、英國又は獨逸に於けるが如く、地方行政の美とすべきもの甚だ多からず。蓋し佛國に在ては、夙に有力者が農村を去て、都市に集まるの傾向あり。隨て地方の有力者、德望家、又は篤志家の如き人物が、市町村の局に當ること甚だ少し。是れ自治の甚だ振はざる所以なり。然れども佛國とても、嘗ては今日のマダカスカルの太守アガーグルの如き、卓越せる有力者が、市長として名聲を博したることあり。此人の在職當時は市の行政は、極めて完全に行はれたりしに、今や亦當時の觀なきを憾みとす。

一　英國に在ては、吏員一般に國家に對するの責任を尊重するのみならず。又實に市町村民に對するの責任を重んぜざるなし。

一　英國に在ては、各國が優良市町村の表彰をなすに反し、倒さに不整理市町村を調査して、之を印刷に付し、各地に配付して之を通知す。隨て是等の市町村は、痛く之を恥辱として奮勵し、鋭意して其改良を計るが故に、自から市町村に對する間接の監督ともなりて、大に効ありといふ。佛國に於ても、近年此法を採用し、大に不整理町村の矯正に勉めつゝあり。

一　近時歐洲にては、都市と農村との調和が、主要の研究問題となるに至れり。卽ち都市の過度なる膨脹を防ぎて、農村の健全なる發達を圖ること、卽ち是れなり。素と都市の生活は、肉體上に於ても、精神上に於ても、さまで喜ぶべきものにあらざるが故に、或る程度までにて、都市の膨脹を遮り、其代りに寧しろ農村の發展を今一層著しからしめんとするもの是れなり。英佛獨等の大國に在ては、都市の膨脹殊に甚しきものあり。隨て此問題も、亦一段の切要を覺ゆるが如し。隨つて瑞典の如き、農村の發展しつゝある邦國の實例は、是等大國の、却つて模範となしつゝある所たり。

一　瑞典に於ける農會の活動に至ては、殊に著るしきものあり。先づ其目的とする所を見るに、第一には、農事に關する學理上幷に實驗上の研究をなし、第二には、農民の地位を高めて、農村の發達を圖るといふにあり。此の如き目的を以て、適確の方法を取り、第一には統計の正確なること最も著しく、第二には、酒の專賣權を有するが故に、財政の餘裕あり、第三には誠實にして事物の研究に適するの頭腦を有する人が、理事者たるが故に、會の事業は、何れの方面にも、皆よく其成績を擧げざるなし。今試みに農會の事業を例示すれば、或は農民倶樂部を設けて、農事の研究に勉め、幷に農民の訓育に盡力せるあり。或は農事巡回講演を開きて、到る處に實地の講話をなせるあり。其他或は各種の組合を設け、或は農業展覽會を各地に開く等、亦大に勉めつゝありと謂ふべし。

一　瑞典にありては、各地に播種研究協會なるものを設け、土地と種子との關係を研究す。此の如きは農事の進步に裨益する所大なるものあるを想像するに餘あり。

一 瑞典には、更に沼池研究會なるものあり。蓋し同國の總面積に對する百分の十二が、即ち沼池の面積に當る位なれば、此の如き會の設立せられたるも、亦固より當然なり。同會に在ては、夙に沼池に關する排水、草苔、耕作等の研究を爲し、沼地改良の材料を公表す。是れ亦多く他の列國に見ざる所なり。

一 瑞典は氣候寒冷にして、交通亦甚だ不便なれども、以上の如く人力を以て、天然の力に打克ち、大に敢爲の氣象に富めりといふ。

一 瑞典はいふまでもなく寒國なるが故に、亦大に冬季の副業に勵めり。即ち革細工、木工、彫刻、又は織物等を以て冬季の副業とし、又兼ねて女子の副業たらしむ。貧民學校に在ても、亦紙入、鞄等の手工業を致ふるが故に、勤勞を重んずるの風は、一般に普及せり。

一　瑞典にては、更に酒の專賣制度を採れり。其法としては、之を市町村、又は一會社の專賣たらしめ、一定の分量、其他賣買に關するの制限を設けて、更に飮酒の制限をもなせり。故に一方には風紀の矯正ともなり、他方には其收益を以て慈善事業に費すことを得。

一　瑞典にては、此の如くにして意を國民の元氣養成に用ゆること多し。故に寒季中、徒に籠居して、惰弱に陷るが如きことなく、何れも冬季を利用して、氷辷り又は橇等により、盛んに身體の鍛錬を勉むるが同國の常例たり。

一　地方事業の發展を期せんには、市町村と市町村民とを結付くるの要あるは、固よりいふまでもなく、且團體員をして、其團體を愛するの觀念を持たしむることも亦更に必要なり。外國にては市町村役場若くは公會堂には、必らず其市町村の爲めに盡力したる市町村長、篤志家等の肖像、傳記又は市町村の發達に關する歴史地圖等を掲げざるなし。此の如きは自治訓育上、極めて有益の事たらずんばあらず。

一　歐洲にては、各團體とも屢々名士を請じて其講演を聽き、或は其他種々の講演會を催して、通俗教育を實にし、以て一般の知識を廣めんと勉めつゝあり。而かも其間に於て、團體員相互の關係を深からしめ、自然に公共心と、共同心とを養成せしめ、以て自治發展の根本たるべき協同の觀念を養はしむるに勉めつゝあり。

一　伯林市には、三十五年以上、引續き市會議員たりしもの三名あり。十數年引續き議員たるものゝ如きは、殆ど數ふるに遑あらず。此の如きは豈に美はしき自治の花にあらずや。

一　愛鄕心は、自治の根柢なり。米國の富豪カーネギーが、其故鄕たるスコットランドのダンファームリン町を去りたるは、實に其齡僅かに十三歳なりし時に在りき。爾後米國に渡航して、千辛萬苦を經、鋼鐵王として世界有數の大富豪となれり。既にして其齡七十を踰ゆるや、記念の事業として、第一に爲したるは、實に其故郷たるダムファームリン町に對して、莫大の金員を寄附し、公園、浴場等の設備をなさしめて、其町を全部改造せしめたり。是れ實に愛郷の念油然として已むべからざるものあるに出でしなり。佛國に於ても、亦縣市町村に對する此種の寄附金は、毎年實に一千萬圓に達すといふ。亦盛ならずや。

一 歐米に在ては、路傍に植ゑられたる並木の果實を盜むもの更になく、小兒と雖も、公園、道路にある花壇の草花を毀傷する者無し、其橋上河岸に備へられたる浮袋、救助船等には一人として必要なきに手を觸るゝものなし。電車の昇降、街衢の交通等も、秩序井然として、一絲隱れざるの觀あり。

一 歐米に於ては、共同の事業殊に發達の著しきものあり。自治團體も亦固より共同事業に外ならざるが故に、自治事業に就ては、殊に至大の注意を拂ひつゝあり。故に國税に就ては、往々非難不平の聲ありと雖も、市町村税に就ては多く不滿の聲を聞きたることなし。隨て滯納の弊あるを見ず。

一 英國にては、鐵道に手荷物を預くる時などに、未だ曾て合符を渡さず。時計屋に時計の修繕を依頼するにも、曾て受取證を與へたることなし。是れ人を信任すること篤きが故なり。市町村長の如きに對しても、之を信任して、永年の任期を與へ、以て十分に其手腕を振はしむるが、英國の一特色たり。

一 獨逸に在ては、自治功勞者を表彰するが爲め、市街道路、又は病院等の營造物に、其功勞者の名を付するを例とす。巴里にては、善行者あれば卽ち區役所の門前に掲示し、市民をして廣く其德を知らしむ。

一 歐米の農村は、山林を以て基本財產とするもの多し。故に全國の總森林面積中、町村有の森林は、何れも四割乃至八割を占めざるなし。森林を經營し能はざるの町村に在ては、耕地を基本財產となす。其面積は、村內全耕地面積の五分の一を占むるを通例とす。

一 獨、佛諸國の官吏は、公私の生活を判然區別し、之を官署に訪問すれば、用件に就て懇切に談話すると雖も、用事終れば、卽ち直ちに先方より分れを告ぐ。然れども若し之を其私邸に訪問すれば、家族總出にて、歡待優遇を極むるの習慣たり。

一 佛國停車場には、旅客の出口に大なる掲示をなすあり。『出京せる青年男女にして、身の振方を定めんとするものは、肩より紅白の紐を掛けたる、保護員に申出でられよ』と記るせり。是れ即ち停車場保護協會の廣告する所たり。保護員は何れも中年以上の女子にして、肩より見易き紐を掛け、以て自己を發見するに便ならしめ、此の如くにして常に幾多田舎出の男女を救ひつゝあり。

一 歐洲の地主は、往々自己の所有地を以て、之を小作人の耕作に任かすことあり。然れども自からも亦雇人を使役しつゝ、雇人と共に耕作に從事することあり。此の如くにして地主と雇人との打寄り居る場合には、何れが主人なりやさへ、固より之を區別すること能はざるの有狀なりといふ。

一 紐育の市政は、夙に『タマニー』派と稱する一種私黨本位の團體に左右せられ、市政の腐敗一時其絶頂に達せり。四十三年十一月市長となりしゲイナーも、亦固より『タマニー』派の推す所に係れり。されど剛直にして敢爲なる市長は、斷乎として市役所の廓清を期し。大に不正吏員の免黜を決行して、民間より清廉の士を擧げたりしかば、爾來は市政も亦頓に擧り、爲めに全く舊來の面目を一新するに至れり。

一　貯蓄の盛なるは、歐洲列國皆其揆を一にせざるなし。獨逸には、素より郵便貯金の制なきが故に、公立貯金々庫なるものを郡市役所、町村役場内に設くるを例とす。佛國にては郵便貯金と公立貯金々庫とを併存せざるなし。今獨逸の貯金高を見るに、六拾七億餘萬圓を算し、佛國も亦之れと伯仲の間にあり。

一　佛國エロール縣ベジュー郡マローサン村には、小作人の共濟葡萄園あり。此園に於ける共同耕作よりして得たるの收益、固より尠しとせず。乃ち是を以て組合員は勿論、村内の貧困者、失業者等を救助するに充てつゝあり。

一　普國に於ては、諸郡の活動殊に目覺しきものあり。衛生の方面には、夙に完全なる病院あり。土木の方面にも、亦之が經營維持に力を致すの外、更に輕便鐵道の敷設、運河の開鑿等何れも其力を致さゞるなし。

一　巴里市の區役所は、單に事務を取扱ふの役所たるに止まらず、其中には圖書館あり、職業紹介所ありて、以て市民の利用に供し居れり。職業紹介の爲めには、紹介事務を取扱ふ室の外、別に大廣間の設けあり。雇人たらんとするものと、雇人を得んとするものとは、何れも自由に此に出入し、相對して相談をなすに便せしむ。

一　歐洲の町村にては、何事も共同にてなすの風あり。數十乃至百戸の小村にして、簡易水道を有するものあり。流れあれば、必ず共同洗濯所を設くるを例とし、更に進んでは共同浴場、共同麵麭燒場を設けたるの村あり。

一　獨逸の諸市に於ては、市條例を以て、補習教育、就學義務を負はすもの多し。補習學校には、普通小學校の校舍を流用するものあり。又別に校舍を建つるものあり。授業は概ね夜間にして、毎週二三回、二時間乃至三時間とす。大都市にては、理髪、金工、木工、電氣職業の各部門につきて、八十餘種の特別教育を施すものあり。

一　普國にては、各地方より來れる移住者の組織する新農村に對して、先づ產業組合の設立を獎勵し、以て從來一面識なき移住民相互をして、互に相提携せしめ、以て自治の發達を企圖せしむ。

一　巴里市の第十七區より第十八區に掛けては、總ての街名に、世界各國に於ける首府の名を付して、地理の教材とし、獨逸シエーネベルヒ市にては、宗教改革に因ある名を街名として、歷史教育の材料となす。

一　佛國の飛行大家ブレリオが、英佛海峽を橫斷したるとき、其の飛行機を機械博物館に格納する爲め、行列を催したり。時に英佛海峽の衝路に當れる、英國側のドーヴァー町長も、亦此盛典に列し、特に禮を厚うするがため、封建時代の服裝を爲したり。英人の保守を尙べること概ね此類なり。

一　獨逸の諸地方には、農業冬季學校なるもの丶行はる丶あり。十一月初めより、三月末まで、農閒の時期を以て之を開校し、二學年卽ち二冬にて、卒業せしむるの仕組なり。且寄宿舍を設けて、在學中は之に寄宿せしむ。

一　獨逸諸市にては、永年市吏員、又は市會議員なりし人を仰で、市長老の尊稱を呈し、市民擧つて之を尊敬するの風あり。又公益の爲めに盡瘁せし人あれば、市より名譽公民の號を贈りて、之を表彰するを例とす。

一 獨逸伯林市には、官立質店四軒あり。其他の都市には、市經營にかかるの質屋多し。佛國諸都市には、必ず市立の質屋あれども、巴里市には卽ち官立の質屋あり。市内二十五箇所に支店を設けて、二圓以下の貸出には無利子として、期限を二箇月とし、二圓以上は、利子年七分七厘五毛、期限二箇年となす。

一 獨逸にビルケンウエルダーナル町といふあり。其町役場新築に關する設計書を見たるに、巨大なる建築費を要せり。町長曰く『大通に面せる四室を貸間となし、之が賃貸を以て、建築の爲めにせる起債償還の資に充つるなり』と。

一 本邦市制の母法たる、普國の市制は、チーニスバルコ市の一老書記フランドが立案せるものなりしを、時の宰相スタインが採用せしものなりといふ。實に一書記の手に立案せられたることを忘るべからす。

一佛國にては、小學校と役場とを、同一建築物內に置くもの多し。之が爲め自然教員をして、役場の事務を手傳はしむるを例とす。

一巴里市の事業中、下水及地下埋葬窟は、之を公衆の縱覽に供す。蓋し市自らが經營する事業をば市民に周知せしめんとするの主意に出づ。

一獨逸自治體に於ける最近の施設として表はれたるものは、法律相談所なり。法律相談所は、之を市町村役場に設置し、有爲の法律家を聘して、毎日一定時間を限り、住民の爲め無料にて、あらゆる法律上の質問に應じ、且爭の仲裁を爲し、代書を爲す等、一切の周旋を爲す。

一獨逸赤十字社は、疫病保險を爲す。卽ち郡が年々一定の掛金を、赤十字社に拂込むときは、萬一郡內に疫病流行したる際、赤十字社が、直ちに臨時隔離病舍を其郡內に設くるの契約なり。爾來この事業は、少からざるの功を奏し來れり。

一　歐洲諸大學法科には、唯一般行政法の講座あるに過ぎざれども、米國各大學にては、特に都市行政の講座を設けたり。其結果法學士は、志を都市行政に向はしむるのみならず、有識者間にも、亦自から都市自治の趣味を鼓吹するに與りて大に力あり。

一　英國倫敦の東部は、貧民多き處なり。其所には庶民宮といふ者を設けて、音樂を奏し、庶民に慰安を與ふるの仕組みをなす。露國セント、ピータースブルグの庶民宮にも、亦各種の娯樂機關を備へて、庶民の慰安に勉めつゝあり。

一　佛國にては、法制教育の盛なること、他に多く其類を見ず。中學校、師範學校、高等女學校の法制教科書の如きは、甚だ完全なるものなり。此には縣市町村に於ける豫算の一例をまでも掲げて、解說頗る周到を極めり。

一 歐米に於ける禁酒運動も、亦甚盛んなるものあり。米國紐育州モレーの禁酒會に在ては、會員實に百五十萬の多きに達し、四千以上の「ブランデー」釀造場は、之が爲めに閉鎖せられ、八千以上の酒舖は、是れ亦爲めに閉店の已むなきに至れり。佛國の國民聯合禁酒會の如きも飲酒の弊害に關する繪畫、幻燈畫等の頒布に勉めつゝあり。其他英國瑞典、瑞西等にも、禁酒運動の甚盛なるものあり。

一 佛國巴里市の停車場改札口には、傍に新聞受函の設けあり。旅客若し不用の新聞紙を其函中に投ずれば、鐵道會社は之を慈善病院に送りて、以て不幸なる貧困病者の無聊を慰むるの資となす。

一 歐米諸都市に於ては、塵芥を燒却するに當り、其熱を利用して、蒸氣又は電氣を起すもの多し。又紙屑籠を到る處に設けて、以て廢物の利用に勉む。

巴里市の郊外ジョージ、ル、ロアの地には、大授産場の設けあり。地方裁判所の判検事が、公務の餘暇を以て、經營する所に係れり。

一 獨逸シャーロッテンブルグ市にては、健康の勝れざる兒童のため、特別の學校を松原の中に建てゝ、學課の外、專ら體育に從事せしむ。之が爲め小學生徒の死亡率も、亦著しく減少するに至れり。

一 歐洲の諸都市にては、市内各所に、電氣仕掛の火災報知器を設け、火災あることを發見したるときは、直ちに之に依りて其旨を消防署に通知するの裝置を爲す。町にては各所の居酒屋に、大喇叭を備へ置き、失火あれば卽ち之を吹傳へて、報知をなすの仕組を採るもの多し。消防組を教養するが爲め、郡は有給の消防教師を置きて、巡回教授を爲さしむるを例とす。

八 地方當局者の注意

一　誠實の德　地方行政の當事者として、豫め心得べき事項は、各種の方面に亙りて、固より少からざるべし。然れども一言以て之を蔽へば、至誠以て事に當るの外に出でざるなり。若し市町村の當局者にして、其執務の上に至誠を缺き、其事業の經營にも亦至誠を缺くことあらんか、地方行政の實は、遂に擧ぐることを得ざるべし。

一　事務の處理　地方行政の事務は、年を逐ふて著しく增加しつゝあり。若し此趨勢を以てせば、將來益々劇甚を加ふるや必せり。隨て其局に當る者は、平素其事務に逐はれざるの覺悟と勇氣とを養ひ、幾多の事務出で來たるとも、時を移さずして之を處理し、毫も澁滯せしめざる樣心掛けざるべからず。斯くするには、第一事務に精通すること肝要なり。之に次で事務の省略を圖ること、亦必要なるべく、更に親切に事務を取扱ふことは、極めて必要なるべし。若し事務の取扱にして不親切ならんか、一回にて解決すべき事も、數回の手數を要するに至るべし。平素深く此に留意せられたし。

一 經營すべき事業の選擇及順序　事業を經營するには、先づ第一に其選擇に注意し、且計畫を親切になすことを要す。若し其選擇を誤らば、或は中道にして挫折を見るの不幸なしとせず。此の如きは、啻に其事業の目的を達せざるのみならず。延て他の事業をも妨げ、將來發展の妨害となること少からざるべし。因て事業を經營するには、先づ其選擇を愼むことが、最も肝要なりとす。又苟も事業を計畫するには、親切に調査を遂げ、且私心を去つて、公利公益を主眼とせざるべからず。換言すれば、若し自己去つて後任者が代り來ると雖ども、少しも差支なく、又決して恥しからざる丈けの計畫を爲し置くべきことなり。事業を起すに就ても、亦能く緩急の先後順序を考ふることが必要なり。

此等は實際の事情に鑑み、何れが最も急務なるかを察し、措置其宜しきを制せんことを要す。

一　平素の修養　地方行政の職務を執るものは、常に自己の職務に關係ある諸般の知識を得ることに努むるが、極めて必要の事たるべし。今日は實に日進月歩の世なり。されば其進運に伴ひて、少くも自己が關係しつゝある事務の領域に於てなりとも、常に此點の注意を怠らずして、絶えず研究を爲し置かざるべからず。

一　政は信を以て本とす。　政は信を以て第一義とす。これ古來聖賢の夙に教ふる所たり。されど此言葉は、殊に地方當局者として、常に服膺すべき所のものなり。信を以てすとは、平易に之を言へば、正直に行ふことなり。卽ち何事も公平に處置するといふに外ならず。此主義を取るときは、其初め或は偏狹と誤解さるゝ如きことあるやも知れざれど、後には必らず其本領を知得せられ、却て爲めに地方人民の信用を得べし。何事を爲すにも、誠は以て行ひ易く、遂に好良なる成績を擧げ得るや。固より疑なかるべし。

一　地方事業の發展は、人を得るにあり。此問題は、甚だ漠然たるに似たりと雖も、苟も地方行政の局に當る人は、常に之を念頭に置くべきことなり。念ふに市町村の當局者にして其人を得たらんには、監督の必要、殆ど之れなきに至るべし。監督といひ、視察といふは、畢竟不安心の所あればなり。市町村の當局者にして其人を得ば、監督官廳は別段干渉や世話を爲さずとも、事務の擧がること疑なきなり。歐米各國にて、自治の發展したる原因は、要するに當局者其人を得て、人民一般に其人を信頼し、之に任せると言ふこと、其人に對して相當の敬意を拂ひ、名譽を重んずると言ふことに歸著す。

一　監督の本意　市町村の監督に就ても、時と場合とに依り。寛嚴其宜しきを制せざるべからず。世の中が進歩したるに拘らず、尚幼稚なる時代の考を以て餘りに些細の事までに干渉するが如きは、老婆心切に過ぎて、却つて好結果を得ざるに終らんことを恐る。

附録

自治事務の栞

市町村吏員の心得

一　市町村長の職は、地方の開發に、最も直接の關係あるものなれば、責任の重大なることを自覺するを要す。

一　市町村長は、其地方の儀表となるべきものなれば、感化の力、殊に多きことを自覺して、能く其身を愼み其德を積む樣心懸くるを望む。

一　市町村長は、其進退を愼み、職務に忠實なるを要す。

一　市町村長は、常に部下吏員の養成と訓練とを心懸け、且其賞罰を明にすべし。

一 有望の青年等に、書記の事務を補助せしむるは、適材を得るの手段なれば、土地の狀況に依りて其必要あるべし。

一 事務打合會は、吏員の執務其他に關して、裨益する所少からざるべきが故に、時々之を開設して、自他の研究に資するを要す。

一 市町村長は、常に其部内の融和親睦を圖ることに留意し、時々部内を巡りて、懇切指導に努むるの要あり。

一 市町村長は、部内人民に對して、克く團體の事情を周知せしめ、公共心の發揮に努むる樣心懸くべし。

一 市町村吏員の間、共同一致の實を缺くが如きことあるに於ては、地方の發達を期すること能はざるに依り、吏員をして協心戮力、其職に盡す樣心懸けしむべし。

一 市町村吏員をして、其地位の重きを自覺せしめ、且秩序を重んじ、服務紀律を恪守し、上司の指揮命令を遵奉して怠らざるが、即ち其品格を高むるの基なることを知らしむるを要す。

市町村會議の心得

一　市町村會議員は、團體に於ける重要の公務なるが故に、議員たるものは、專ら其地方の公益を念とし、且平素市町村内は勿論、他地方の事情をも察し、當局者の援助に努むる樣心懸けらるべし。

一　市町村會議員は、一己の私情、黨派の關係等を忘れ、團體の利害に就ては、一家の如き心得を以て事に當らるべし。

一　市町村會に就ては、時間の勵行を期し、流會等の事之れなき樣心懸くるを望む。

一　市町村吏員の選擧は、最も大切なるものなるが故に、其人選に關しては深く注意せんことを望む。

事務處理の心得

一　事務の取扱は、口頭處理、又は一定の用紙を備へ、又は役場にて、代書の方法を執り、尚農繁の時には、夜間の執務をなす等、勉めて便宜簡捷を旨とし、且懇切を期すべし。

一　諸法令例規を整頓し、其改正、廢止等ありたる場合には、發布の際、怠らず加除訂正を爲し置くべし。

一　簿書の編纂と保存とに注意し、必ず目錄見出しを付して、捜索に便宜なる樣整頓し置くべし。

一　文書の收受、發送及處理の顚末を明にし、殊に重要なる事項は、先づ市町村長の校閲を受くる等、相當の方法を設け置くべし。

一　必要なる法令、諭達等は、特に敏速周知の途を講じ、各種の集會、說教等の時を利用すべし。尚遠隔の部落に對しては、學童に託して、

一　便宜掲示書を貼付せしむる等、相當の工夫を爲すを要す。

一　諸報告は、一市町村にして其期限を誤るときは、全體に影響を及ぼすべきが故に、特に期限を誤らざる様注意するを要す。

一　統計の調査に就ては、往々無責任なる想像的の調査に依るの弊なきにあらず。宜しく實際に就きて、正確の調査を期せらるべし。

一　休日及執務時間外に在りては、必ず吏員をして宿直せしめ、臨時用務に差支なきを期し、且金庫等の警護を怠らざるを要す。

一　役場内の構造は人民の出入、執務の便宜を旨とすべし。

一　村會議場の如きは、圓熟協議を遂ぐるを旨とし、徒らに形式に流れ、議論に渉るが如きことを避くる様注意すべし。

豫算及決算に關する心得

一　豫算の編製を愼重にし、且濫りに追加更正を爲さゞるを要す。

一 豫算は必ず年度開始の一月前に議決を經、執行上差支なきを期すべし。

一 豫算に關係ある事項にして、許可を要するものは、速に其手續を爲すべし。

一 決算は必ず出納閉鎖（六月三十日）後一月以内に市町村長に提出し、市町村長は可成速に市町村會の認定を經べし。

經費に關する心得

一 經費は努めて節約を旨とし、冗費なきを期すべし。

一 既定豫算の支出を愼み、濫りに流用を爲すべからず。

一 支出に就ては、最も其時期に注意し、一時借入金に依るが如きことなき樣注意すべし。

一 支拂の請求ありたるときは、即日支拂の手續を爲すことに注意し、請求後數日を經過するが如きことなきを期すべし。

一 支出の時期を誤るは、信用を害すること少からざれば、十分之に注意すべし。

一 收支の均衡に常に深く注意し、年度末に至り收入不足の爲め、後年度より繰上補充を爲し、又は過年度支出を爲す等の事を避くることを要す。

一 物品の買入及家屋幷物品の管理に就ては、往々注意を缺くもののなきにあらず。宜しく自家に對すると同一の心得を以て、之に當るべし。

一 補助費の支出に就ては、事後の監督を等閑に附するの弊なきにあらず。其成績如何に十分の注意を爲すべし。

一 協議費は法令上、之が取締の方法なきより、往々冗費に渉り、濫出に流るゝの弊なきにあらず。宜しく其整理節約を圖るべし。

一 協議費の中には、用惡水費、道路費の如き、は公費として支辨し得べきものなきにあらず。此の如きものは宜しく之を公費に移すべし。

賦課徴收に關する心得

一 土地の狀況に應じ、納稅組合、納稅表彰等の手段に依りて、納稅の良習を興し、滯納の弊を防ぐべし。

一 納期は成るべく收入のある時季を選み、且豫め納期表を各所に配付し置き、納期の當日は納稅旗等の方法に依りて告知するは、土地の狀況に依り便宜なるべし。

一 徴稅令書の發布に就ては、納稅者に準備を與へしむる爲め、納期日に切迫せざる樣注意すべし。

一 土地に依りては、團體內の重立たる者、却て滯納を爲すの弊なきにあらず、先づ是等より勵行の端緒を開き、期間を指定して、必ず納稅の整理を勵行すべし。

一 納期の當日及其の前數日は、特に執務時間を增し、又は臨時吏員を增し、又は納入口を增す等、納金の收受を敏速にし、納稅者に毫も不便を感ぜざらしむる樣特に注意すべし。

公債に關する心得

一 基金の整理、滯納勵行の方法を實行し、一時借入金の如きは、容易に之を爲さゞるべし。

一 年度の收入金あるに拘はらず、起債に依る事業支拂の爲め、一時借入を爲すものあり、注意すべし。

一 起債に就ては、其借入を急ぎて、動もすれば高利の借入を爲し、又は必要に應じて、數回に借入をなすも差支なきに拘はらず、一時に全部の借入を爲すものあり。特に其時期を選み、勉めて有利の條件に依る様注意すべし。

一　起債に際し、仲介者の爲めに少からざる手數料を要するものあり。冗費を要するが如きことなき様、特に注意すべし。

一　一時借入金を起し、年度内を以て償還の運に至らざるもの多し。後日に至り、一時借入金を公債に變更するが如きことは、最も愼むべきの事たり。

一　公債の償還其期を誤るが如きは、團體の信用を害すること殊に大なるものあり。最も注意すべきの事たり。

一　借入金にして不要に歸したるものあるときは、其際直に豫定額以外に、之を償還すべし。

一　借入金は團體の經濟の都合に依り、成るべく其償還年限の短縮を圖るべし。

一　公債に依るの事業は、最も其計畫を愼み、後日追加起債を要するが如きこと之れなき樣注意すべし。

一　公債に依るの事業は、特に之が實施に注意し、其失敗等の爲め、財源に違算を來たすが如きことなからしむるを要す。

一　公債の借入、數口に亙る場合、其償還の前後に深く注意を爲さゞるものあり。宜しく高利の償還を先きとして、負擔の輕減を圖るべし。

會計に關する心得

一　會計に關する諸帳簿及證憑書類を整備し、殊に其記帳の如きは、必ず其日に之を了し、現金在高は常に之を明瞭ならしめ置くべし。

一　現金、金券其他重要なる證券等は、可成金庫の如き、火災、盜難等を豫防するに堪ふる容器を備へ、其保管を嚴重にすべし。

一　公債證書其他債券の如き市町村の爲め無手數料にて郵便局が保管す

ることに定められたるものは、速に其方法に依るは安全にして、利殖の上に於ても亦頗る便利なり。

一　現金の出納に就ては、計算上誤りなきを期するは勿論、違法の取扱なき樣嚴密に注意を爲すべし。

一　出納の檢査は往々緩漫に流るゝの弊あり。宜しく之を勵行すべし。尚檢査に就ては、形式に流るゝことなき樣、深く注意すべし。

財產に關する心得

一　基本財產蓄積の規定を設けながら、之を勵行せざるものあり。宜しく其實行に努力すべし。又其規定なき所に在ては、速に其方法を確立すべし。

一　基本財產の積立は、國府縣稅徵收の交付金、決算剩餘金等に依るの外、植林、開墾、養魚等の方法に依りて、之が造成の途を講ずるは、土地の状況に依り便宜の方法たるべし。

一　基本財産に屬する有價證券は、郵便官署に保管預けとし、現金は確實なる銀行、若くは郵便貯金と爲す等、其管理を確實にし、個人貸付等は、可成之を避くべし。

一　財産臺帳は、基本財産と普通の財産幷積立金穀とを區別して、常に之を整頓して、其異動を明にし、現在額を知るに便ならしむべし。殊に部落有財産の臺帳は、不整備に流るゝもの多ければ、注意すべし。

一　有利の不動産は、可成之を保存して、濫りに賣急ぎを爲さゞるを要す。殊に耕地の如きは、之を模範小作人に貸付するが、所謂一擧兩得の好工夫たるべし。

一　基本財産の蓄積は、團體の基礎を鞏固にするの一方法たり。濫りに之を支消せざる樣注意すべし。基本財産を經費に運用したる場合には必ず豫定の通り積戻を爲す樣、特に注意すべし。

一 部落有財產の統一は、團體の資力を充實し、部落本位の感情を去つて、一致協力の實を擧げしむるの一方法なるが故に、之が遂行に努むべし。

一 部落有財產は、管理其宜しきを得ざるもの少からず。殊に其大部分を占むる山林の如きは、往々荒廢に委して顧みざるの風あり。宜しく力を之が整理利用に致すべし。

地方改良の要項 終

明治四十四年十二月廿五日印刷
明治四十五年一月四日發行
大正元年九月十日六版發行

地方改良の要項〔實價金拾錢〕外郵税金貳錢

內務省地方局御編纂

東京市神田區一橋通町二十一番地
發行者　坪井忍

東京市小石川區久堅町百十五番地
印刷者　水谷景長

東京市小石川區久堅町百八番地
印刷所　博文館印刷所

東京神田區一橋通町廿一
發行所　報德會

◎報德會の主旨要

本會は地方の開發、自治の興新、道德經濟の調和、教育產業の連絡を圖り、之が爲には內外の研究、地方の調査、講演の公開、良書の刊行、篤行の奬勵等をなし、殊に每月一回『斯民』及『斯民家庭』なる二雜誌を發行す。

一、教育勅語戊申詔書を始め、優渥なる聖旨を奉戴して、精神教育を奬む。

二、誠實勤勞の風を興し、實力品性の兼備を期し、殊に公益の爲め推讓の精神を鼓吹す。

三、都市農村の興新を期し、中央諸名家、地方當局者の意見、並に地方實際の事績を紹介す。

四、產業の發達、利源の開拓に參考となるべき事項を報道す。

五、家庭の訓育、兒童の教訓に資すべき、平易にして趣味ある材料を紹介す。

六、自治團體、青年團體各學校は勿論、各地斯民會、報德會、自治研究會、地方改良會、婦人會、農會、教育會等、普く地方の改良開發に助力せる團體並に有志との氣脈を通じ之を援助するに力む。

◎『斯民』の內容

風氣の作興
地方の開發

教育勅語を始め、優渥なる聖旨を奉戴して國民の風氣を作興し、地方の開發に勉むるを期す、殊に奉公の精神、有爲の氣象に富める國民を養成することは方今の趨勢に於て最急務とする所なり、依て之が參考となるべき諸大家の論說講話並に先賢偉人の事績及模範と爲すべき事業を掲げ、其他公利公益を興したる各種の事業家篤志家等に就きて親しく實驗談を求め又は實際に之を視察して其事績を汎く紹介せんことを期す。

地方自治の發展

都市農村を通じて最活氣ある作興に力め、地方の公利公益を進むべき諸般の事項を研究して其參考となるべき事務の整理、事業經營に關する各種の材料を供給し並に地方當局者の意見及實驗談等を報道す。

青年團體の援助

青年團體の爲め特に其參考となるべき材料を供給し、時々實業に關する平易なる論說興味ある史話講談等を掲ぐ。

教育及產業

教育家の意見並に實驗談によりて教育、產業の聯絡を圖り、道德、經濟相並んで益〻發展の域に達せしめんことを期す。

開拓殖民

南滿洲朝鮮並北海道、樺太、臺灣等移民殖產に關する最近の情況等を紹介す。

泰西史料

海外視察者の報告を紹介す、尙諸外國に於ける自治經營並公益事業に關する新資料を供給す。

地方資料

本會の名譽贊襄員、特別贊襄員又は地方委員として本會を援助せらるゝ各地方長官事務官、郡市長各學校長、市町村自治の當局者外有志家篤志家の意見並に實驗に關する寄稿を煩はし、其報告に係る地方の美談及事績を紹介す。

中央と地方との聯絡

本會は各地の斯民會、報德會、自治研究會、地方改良會、自彊會、青年會、婦人會、農會、教育會其他名稱の如何に拘らず地方の開發に助力せる各種の公益團體と互に氣脈を通じ又之に對して必要なる援助を與ふることに力め、殊に地方に於ける有益なる講話又は展覽に供せられたる材料を速に本會に集めて之を一般世人に紹介す。

◉『斯民家庭』の内容

一、口繪及挿繪には、淸新にして趣味ある寫眞版、木版等を掲載すべし。
一、婦人及家庭に關する其折々の指針。
一、女子教育の注意其他學校學術に關する事項。
一、古今内外の模範となすべき婦人の善行美績。
一、一般主婦の心得、家事、經濟、家庭衞生、育兒、家庭婦女の容儀法、四季の衣裳に關する注意、婦人の語遣ひ、家庭の料理割烹、家屋住居の研究等、總べて直接家庭に必要なる事項。
一、科學上より見たる觀察にて、家庭及一般婦女に興味ある談話等。
一、有益にして趣味多き雜錄、隨筆並に話の種子。
一、家庭の顧問として質疑應答何事にても適當と見做すものには懇切に答ふべし。
一、投書募集、何なりと希望又は話しなどせられたき方は、簡單に投書あれ。
一、婦人若くば女子學校等に關する事項、地方に於ける婦人會の報道。並に本會の記事等。

◉入會の手續及其他

一、本會々員たらんとする者は住所氏名會員の種類を明記し會費を添へて本會事務所に申込まるべし
一、會員を分ちて二種とす。

一 特別會員 毎月金參拾錢を納むる者
（六ケ月金壹圓八拾錢、壹ケ年金參圓六拾錢）

二 通常會員（別ちて二となす）
（イ）斯民部會員 毎月金拾錢を納むる者
（六ケ月金六拾錢、壹ケ年金壹圓貳拾錢）
（ロ）家庭部會員 毎月金拾錢を納むる者

（六ヶ月金六拾錢壹ヶ年金壹圓貳拾錢）

一、會費は總べて前納のこと

一、會員は本會に於て開催する講話會に出席することを得。

一、本會に於て發行する圖書は、會員に對して特に割引を爲す。

一、本會々員には左の區別に依り『斯民』及『斯民家庭』を無代配付す

一、特別會員　『斯民』及『斯民家庭』

二、通常會員｛斯民部　『斯民』／家庭部會員　『斯民家庭』｝

一、『斯民』は毎月（七日）一回之を發行し毎號約八十頁とす。

一、『斯民家庭』は毎月（一日）一回之を發行し毎號約八十頁とす。

一、『斯民』及『斯民家庭』は會員にあらざる者にても之を購讀すること得。

一、單に『斯民』及『斯民家庭』の配付を希望せらるゝ方は、購讀者として左の區別に依り雜誌代を添へ申込まるべし。

『斯民』一部前金拾錢、六部前金六拾錢、十二部前金壹圓貳拾錢、『斯民家庭』一部前金拾錢六部前金六拾錢、十二部前金壹圓貳拾錢

一、本會への送金は振替貯金の方法に依らるゝを便利とす。

一、振替口座東京九七〇〇番にて送金せらるゝ方は用紙通信文記載欄に必ず其用向を記載せられたし。

一、郵便切手代用の場合は一割增のこと

申込所　東京市神田區一ツ橋通町二十一番地

報徳會

振替貯金　東京九七〇〇

同　上（婦人の讀物）

再版

古今 手かゝみ

小形美本
實價金拾錢
郵税金貳錢

皇后陛下十二德御詠を卷頭として、貝原益軒の「嫁入時の敎訓十三箇條」、石田梅巖の「孝道訓」、「西洋人心得草」、土方伯爵の「御坤德を仰き奉るにつけても」、ゴルドン夫人の「田舍の娘は仕合せです」、武田海軍少將の「夜鶴の聲」の一節、中川東京女子師範學校長の「修學の女子に對する希望」二木博士の「病氣に罹らぬ法」、棚橋絢子刀自の「嫁に向つての注文」、頼母木東京音樂學校敎授の「家庭と音樂の趣味」等三十三篇を收む。婦人の讀物として好資料たるを信ず。

地方自治法研究復刊大系〔第357巻〕

地方改良の要項〔大正元年 第6版〕

日本立法資料全集 別巻 1567

2024(令和6)年9月25日　復刻版第1刷発行　7767-8:012-005-005

編纂　内務省地方局
発行者　今井貴
　　　　稲葉文子
発行所　株式会社信山社

〒113-0033 東京都文京区本郷6-2-9-102東大正門前
Ⓣ03(3818)1019　Ⓕ03(3818)0344
来栖支店〒309-1625 茨城県笠間市来栖2345-1
Ⓣ0296-71-0215　Ⓕ0296-72-5410
笠間才木支店〒309-1611 笠間市笠間515-3
Ⓣ0296-71-9081　Ⓕ0296-71-9082

印刷所　ワイズ書籍
製本所　カナメブックス
用紙　七洋紙業

printed in Japan　分類 323.934 g 1567

ISBN978-4-7972-7767-8 C3332 ¥28000E

日本立法資料全集 別巻　**地方自治法研究復刊大系**

改正 市制町村制義解〔明治45年1月発行〕／行政法研究会 講述 藤田謙堂 監修
増訂 地方制度之栞 第13版〔明治45年2月発行〕／警眼社編集部 編纂
地方自治 及 振興策〔明治45年3月発行〕／床次竹二郎 著
改正 市制町村制正解 附 施行諸規則 第7版〔明治45年3月発行〕福井淳 著
改正 市制町村制講義 全 第４版〔明治45年3月発行〕秋野沆 著
増訂 農村自治之研究 大正2年第5版〔大正2年6月発行〕／山崎延吉 著
自治之開発訓練〔大正元年6月発行〕／井上友一 著
市制町村制逐條示解〔初版〕第一分冊〔大正元年9月発行〕／五十嵐鑛三郎 他 著
市制町村制逐條示解〔初版〕第二分冊〔大正元年9月発行〕／五十嵐鑛三郎 他 著
改正 市町村制問答説明 附 施行細則 訂正増補3版〔大正元年12月発行〕／平井千太郎 編纂
改正 市制町村制註釈 附 施行諸規則〔大正2年3月発行〕／中村文城 註釈
改正 市町村制正文 附 施行法〔大正2年5月発行〕／林甲子太郎 編輯
増訂 地方制度之栞 第18版〔大正2年6月発行〕／警眼社 編集 編纂
改正 市制町村制詳解 附 関係法規 第13版〔大正2年7月発行〕／坪谷善四郎 著
改正 市制町村制 第5版〔大正2年7月発行〕／修学堂 編
細密調査 市町村便覧 附 分類官公衙公私学校銀行所在地一覧表〔大正2年10月発行〕／白山榮一郎 監修 森田公美 編著
改正 市制町村制 及 附属法令 第6版〔大正2年11月発行〕／市町村雑誌社 編輯
改正 市制 及 町村制 訂正10版〔大正3年7月発行〕／山野金蔵 編輯
市制町村制正義〔第3版〕第一分冊〔大正3年10月発行〕／清水澄 末松偕一郎 他 著
市制町村制正義〔第3版〕第二分冊〔大正3年10月発行〕／清水澄 末松偕一郎 他 著
改正 市制町村制 及 附属法令〔大正3年11月発行〕／市町村雑誌社 編著
府県制郡制釈義 全〔大正3年11月発行〕／栗本勇之助 森惣之祐 著
以呂波引 町村便覧〔大正4年2月発行〕／田山宗堯 編輯
改正 府県制郡制 訂正21版〔大正4年3月発行〕／山野金蔵 編輯
市制町村制 昭和4年初版〔大正4年7月発行〕／山野金蔵 編輯
改正 市制町村制講義 第10版〔大正5年6月発行〕／秋野沆 著
市制町村制実例大全〔第3版〕第一分冊〔大正5年9月発行〕／五十嵐鑛三郎 著
市制町村制実例大全〔第3版〕第二分冊〔大正5年9月発行〕／五十嵐鑛三郎 著
市町村名辞典〔大正5年10月発行〕／杉野耕三郎 編
市町村吏員提要 第3版〔大正6年12月発行〕／田邊好一 著
改正 市制町村制と衆議院議員選挙法〔大正6年2月発行〕／服部喜太郎 編輯
新旧対照 改正 市制町村制新釈 附 施行細則 及 執務條規〔大正6年5月発行〕／佐藤貞雄 編纂
増訂 地方制度之栞 大正6年第44版〔大正6年5月発行〕／警眼社編輯部 編纂
実地応用 町村制問答 第2版〔大正6年7月発行〕／市町村雑誌社 編纂
帝国市町村便覧〔大正6年9月発行〕／大西林五郎 編
地方自治講話〔大正7年12月発行〕／田中四郎左右衛門 編輯
最近検定 市町村名鑑　附 官国幣社及諸学校所在地一覧〔大正7年12月発行〕／藤澤衛彦 著
新旧対照 改正 市制町村制新釈　附 施行細則 及 執務條規 大正7年初版〔大正7年3月5日発行〕／佐藤貞雄 編纂
農村自治之研究 大正8年再版〔大正年8月発行〕／山崎延吉 著
市制町村制講義〔大正8年1月発行〕／樋山廣業 著
改正 町村制詳解 第13版〔大正8年6月発行〕／長峰安三郎 三浦通太 野田千太郎 著
改正 市制町村制 及 附属法令 第12版〔大正8年8月発行〕／市町村雑誌社 編著
改正 市町村制註釈〔大正10年6月発行〕／田村浩 編集
大改正 市制 及 町村制〔大正10年6月発行〕／一書堂書店 編
改正 市制町村制 第10版〔大正10年7月発行〕／井上圓三 編輯
市制町村制 並 附属法 訂正再版〔大正10年8月発行〕／自治館編集局 編纂
市制町村制 改正の趣旨 増訂三版〔大正10年10月発行〕／三邊長治 序 外山福男 著
改正 市町村制詳解〔大正10年11月発行〕／相馬昌三 菊池武夫 著
増補訂正 町村制詳解 第15版〔大正10年11月発行〕／長峰安三郎 三浦通太 野田千太郎 著
地方施設改良 訓諭演説集 第6版〔大正10年11月発行〕／鹽川玉江 編輯
改正 市制町村制 大正11年初版〔大正11年2月発行〕／関信太郎 編輯
市制町村制逐條示解〔大正11年増補訂正51版〕第一分冊〔大正11年3月発行〕／五十嵐鑛三郎 他 著
戸数割規則正義 大正11年増補四版〔大正11年4月発行〕／田中廣太郎 著 近藤行太郎 著
東京市会先例彙輯〔大正11年6月発行〕／八田五三 編纂
最近検定 市町村名鑑 訂正3版〔大正11年7月発行〕／藤澤衛彦 伊東順彦 増田穆 関惣右衛門 共編
市町村国税事務取扱手続〔大正11年8月発行〕／広島財務研究会 編纂
改正 地方制度法典 第13版〔大正12年5月発行〕／自治研究会 編著
自治行政資料 斗米遺粒〔大正12年6月発行〕／樫田三郎 著
市町村大字読方名彙 大正12年度版〔大正12年6月発行〕／小川琢治 著
地方自治制要義 全〔大正12年7月発行〕／末松偕一郎 著
北海道市町村財政便覧 大正12年初版〔大正12年8月発行〕／川西輝昌 編纂
東京市政論 大正12年初版〔大正12年12月発行〕／東京市政調査会 編輯
帝国地方自治団体発達史 第3版〔大正13年3月発行〕／佐藤亀齢 編輯
自治制の活用と人 第3版〔大正13年4月発行〕／水野錬太郎 述
改正 市制町村制逐條示解〔改訂54版〕第一分冊〔大正13年5月発行〕／五十嵐鑛三郎 他 著
改正 市制町村制逐條示解〔改訂54版〕第二分冊〔大正13年5月発行〕／五十嵐鑛三郎 他 著
台湾 朝鮮 関東州 全国市町村便覧 各学校所在地 第一分冊〔大正13年5月発行〕／長谷川好太郎 編纂
台湾 朝鮮 関東州 全国市町村便覧 各学校所在地 第二分冊〔大正13年5月発行〕／長谷川好太郎 編纂
市町村特別税之栞〔大正13年6月発行〕／三邊長治 序文 水谷平吉 著
市制町村制実務要覧〔大正13年7月発行〕／梶康郎 著
正文 市制町村制 並 附属法規〔大正13年10月発行〕／法曹閣 編輯
地方事務叢書 第三編 市町村公債 第3版〔大正13年10発行〕／水谷平吉 著
市町村大字読方名彙 大正14年度版〔大正14年1月発行〕／小川琢治 著
通俗財政経済体系 第五編 地方予算と地方税の見方〔大正14年1月発行〕／森田久 編輯
市制町村制実例総覧 完 大正14年第5版〔大正14年1月発行〕／近藤行太郎 主纂
町村会議員選挙要覧〔大正14年3月発行〕／津田東璋 著
実例判例 市制町村制釈義 再版〔大正14年4月発行〕梶康郎 著
実例判例文例 市制町村制総覧〔第10版〕第一分冊〔大正14年5月発行〕／法令研究会 編纂
実例判例文例 市制町村制総覧〔第10版〕第二分冊〔大正14年5月発行〕／法令研究会 編纂
増補訂正 町村制詳解 第18版〔大正14年6月発行〕／長峰安三郎 三浦通太 野田千太郎 共著
町村制要義〔大正14年7月発行〕／若槻禮次郎 題字 尾崎行雄 序文 河野正義 述
地方自治之研究〔大正14年9月発行〕／及川安二 編輯
市町村 第1年合本 第1号-第6号〔大正14年12月発行〕／帝國自治研究会 編輯
市制町村制 及 府県制〔大正15年1月発行〕／法律研究会 著

日本立法資料全集 別巻　**地方自治法研究復刊大系**

訂正増補 議制全書 第3版〔明治25年4月発行〕／岩藤良太 編纂
市町村制実務要書続編 全〔明治25年5月発行〕／田中知邦 著
地方學事法規〔明治25年5月発行〕／鶴鳴社 編
増補 町村制執務備考 全〔明治25年10月発行〕／増澤鐵 國吉拓郎 同輯
町村制執務要録 全〔明治25年12月発行〕／鷹巣清二郎 編輯
府県制郡制便覧 明治27年初版〔明治27年3月発行〕／須田健吉 編輯
郡市町村史員 収税実務要書〔明治27年11月発行〕／荻野千之助 編纂
改訂増補鼇頭参照 市町村制講義 第9版〔明治28年5月発行〕／蟻川堅治 講述
改正増補 市町村制実務要書 上巻〔明治29年4月発行〕／田中知邦 編纂
市町村制詳解 附 理由書 改正再版〔明治29年5月発行〕／島村文耕 校閲 福井淳 著述
改正増補 市町村制実務要書 下巻〔明治29年7月発行〕／田中知邦 編纂
府県制 郡制 町村制 新税法 公民之友 完〔明治29年8月発行〕／内田安蔵 五十野譲 著述
市制町村制註釈 附 市制町村制理由 第14版〔明治29年11月発行〕／坪谷善四郎 著
郡制注釈 完 再版〔明治30年6月発行〕／岩田徳義 著述
府県制郡制註釈〔明治30年9月発行〕／岸本辰雄 校閲 林信重 註釈
市町村新旧対照一覧〔明治30年9月発行〕／中村芳松 編輯
町村至宝〔明治30年9月発行〕／品川彌二郎 題字 元田肇 序文 桂虎次郎 編纂
市制町村制應用大全 完〔明治31年4月発行〕／島田三郎 序 大西多典 編纂
傍訓註釈 市制町村制 並ニ 理由書〔明治31年12月発行〕／筒井時治 著
改正 府県郡制問答講義〔明治32年4月発行〕／木内英雄 編纂
改正 府県制郡制正文〔明治32年4月発行〕／大塚宇三郎 編纂
府県制郡制〔明治32年4月発行〕／徳田文雄 編輯
改正 府県制郡制講義 初版〔明治32年4月発行〕／樋山廣業 講述
郡制府県制 完〔明治32年5月発行〕／魚住嘉三郎 編輯
参照比較 市町村制註釈 附 問答理由 第10版〔明治32年6月発行〕／山中兵吉 著述
改正 府県制郡制註釈 第2版〔明治32年6月発行〕／福井淳 著
府県制郡制釈義 全 第3版〔明治32年7月発行〕／栗本勇之助 森惣之祐 同著
改正 府県制郡制註釈 第3版〔明治32年8月発行〕／福井淳 著
地方制度通 全〔明治32年9月発行〕／上山満之進 著
市町村新旧対照一覧 訂正第五版〔明治32年9月発行〕／中村芳松 編輯
改正 府県制郡制 並 関係法規〔明治32年9月発行〕／鷲見金三郎 編纂
改正 府県制郡制釈義 再版〔明治32年11月発行〕／坪谷善四郎 著
訂正 市制町村制 附 理由書〔明治33年5月発行〕／明昇堂 編
改正 府県制郡制釈義 第3版〔明治34年2月発行〕／坪谷善四郎 著
再版 市町村制例規〔明治34年11月発行〕／野元友三郎 編纂
地方制度実例総覧〔明治34年12月発行〕／南浦西郷侯爵 題字 自治館編集局 編纂
傍訓 市制町村制註釈〔明治35年3月発行〕／福井淳 著
地方自治提要 全〔明治35年5月発行〕／木村時義 校閲 吉武則久 編纂
市制町村制釈義〔明治35年6月発行〕／坪谷善四郎 著
市町村制問答詳解 附 理由書 及 附属法令〔明治35年10月発行〕／福井淳 著述
帝国議会 府県会 郡会 市町村会 議員必携 附 関係法規 第一分冊〔明治36年5月発行〕／小原新三 口述
帝国議会 府県会 郡会 市町村会 議員必携 附 関係法規 第二分冊〔明治36年5月発行〕／小原新三 口述
五版 市町村制例規〔明治36年5月発行〕／野元友三郎 編纂
地方制度実例総覧〔明治36年8月発行〕／芳川顯正 題字 山脇玄 序文 金田謙 著
市町村是〔明治36年11月発行〕／野田千太郎 編纂
市制町村制釈義 明治37年第4版〔明治37年6月発行〕／坪谷善四郎 著
府県郡市町村 模範治績 附 耕地整理法 産業組合法 附属法例〔明治39年2月発行〕／荻野千之助 編輯
自治之模範〔明治39年6月発行〕／江木翼 編
改正 市制町村制〔明治40年6月発行〕／辻本末吉 編輯
実用 北海道郡区町村案内 全 附 里程表 第7版〔明治40年9月発行〕／廣瀬清澄 著述
自治行政例規 全〔明治40年10月発行〕／市町村雑誌社 編著
改正 府県制郡制要義 第4版〔明治40年12月発行〕／美濃部達吉 著
判例挿入 自治法規全集 全〔明治41年6月発行〕／池田繁太郎 著
市町村執務要覧 全 第一分冊〔明治42年6月発行〕／大成会編輯局 編輯
市町村執務要覧 全 第二分冊〔明治42年6月発行〕／大成会編輯局 編輯比較研究
自治要義 明治43年再版〔明治43年3月発行〕／井上友一 著
自治之精髄〔明治43年4月発行〕／水野錬太郎 著
市制町村制講義 全〔明治43年6月発行〕／秋野沆 著
改正 市制町村制講義 第4版〔明治43年6月発行〕／土清水幸一 著
地方自治の手引〔明治44年3月発行〕／前田宇治郎 著
新旧対照 市制町村制 及 理由 第9版〔明治44年4月発行〕／荒川五郎 著
改正 市制町村制 附 改正要義〔明治44年4月発行〕／田山宗堯 編輯
改正 市町村制問答説明 明治44年初版〔明治44年4月発行〕／一木千太郎 編纂
改正 市制町村制〔明治44年4月発行〕／田山宗堯 編輯
新旧対照 市制町村制 及 理由 初版〔明治44年4月発行〕／荒川五郎 著
旧制対照 改正市町村制 附 改正理由〔明治44年5月発行〕／博文館編輯局 編
改正 市制町村制〔明治44年5月発行〕／石田忠兵衛 編輯
改正 市制町村制詳解〔明治44年5月発行〕／坪谷善四郎 著
改正 市制町村制註釈〔明治44年5月発行〕／中村文城 註釈
改正 市制町村制正解〔明治44年6月発行〕／武知彌三郎 著
改正 市町村制講義〔明治44年6月発行〕／法典研究会 著
新旧対照 改正 市制町村制新釈 明治44年初版〔明治44年6月発行〕／佐藤貞雄 編纂
改正 町村制詳解〔明治44年8月発行〕／長峰安三郎 三浦通太 野田千太郎 著
新旧対照 市制町村制正文〔明治44年8月発行〕自治館編輯局 編纂
地方革新講話〔明治44年9月発行〕西内天行 著
改正 市制町村制釈義〔明治44年9月発行〕／中川健蔵 宮内國太郎 他 著
改正 市制町村制講義 附 施行諸規則 及 市町村事務摘要〔明治44年10月発行〕／樋山廣業 著
村制正解 附 施行諸規則〔明治44年10月発行〕／福井淳 著
改正 市制町村制講義 附 施行諸規則 及 市町村事務摘要〔明治44年10月発行〕／樋山廣業 著
旧比照 改正市制町村制註釈 附 改正北海道二級町村制〔明治44年11月発行〕／植田鹽惠 著
改正 市町村制 並 附属法規〔明治44年11月発行〕／楠綾雄 編輯
改正 市制町村制精義 全〔明治44年12月発行〕／平田東助 題字 梶康郎 著述

日本立法資料全集 別巻　地方自治法研究復刊大系

仏蘭西邑法 和蘭邑法 皇国郡区町村編制法 合巻〔明治11年8月発行〕／箕作麟祥 閲 大井憲太郎 譯／神田孝平 譯
郡区町村編制法 府県会規則 地方税規則 三法綱論〔明治11年9月発行〕／小笠原美治 編輯
郡吏議員必携三新法便覧〔明治12年2月発行〕／太田啓太郎 編輯
郡区町村編制 府県会規則 地方税規則 新法例纂〔明治12年3月発行〕／柳澤武運三 編輯
全国郡区役所位置 郡政必携 全〔明治12年9月発行〕／木村陸一郎 編輯
府県会規則大全 附 裁定録〔明治16年6月発行〕／朝倉達三 閲　若林友之 編輯
区町村会議要覧 全〔明治20年4月発行〕／阪田辨之助 編纂
英国地方制度 及 税法〔明治20年7月発行〕／良保両氏 合著　水野遵 翻訳
鼇頭傍訓 市制町村制註釈 及 理由書〔明治21年1月発行〕／山内正利 註釈
英国地方政治論〔明治21年2月発行〕／久米金彌 翻譯
市制町村制 附 理由書〔明治21年4月発行〕／博聞本社 編
傍訓 市町村制及説明〔明治21年5月発行〕／高木周次 編纂
鼇頭註釈 市町村制俗解 附 理由書 第2版〔明治21年5月発行〕／清水亮三 註解
市制町村制註釈 完 附 市制町村制理由 明治21年初版〔明治21年5月発行〕／山田正賢 著述
市町村制詳解 全 附 市町村制理由〔明治21年5月発行〕／日鼻豊作 著
市制町村制釈義〔明治21年5月発行〕／壁谷可六 上野太一郎 合著
市制町村制詳解 全 附 理由書〔明治21年5月発行〕／杉谷庸 訓點
町村制詳解　附 市制及町村制理由〔明治21年5月発行〕／磯部四郎 校閲　相澤富蔵 編述
傍訓 市制町村制 全 附 理由〔明治21年5月発行〕／鶴聲社 編
傍訓 市制町村制 並 理由〔明治21年5月発行〕／東條種家 編纂
市制町村制 附 理由書〔明治21年5月発行〕／狩谷茂太郎 著
市制町村制 並 理由書〔明治21年7月発行〕／萬字堂 編
市制町村制正解 附 理由〔明治21年6月発行〕／芳川顯正 序文　片貝正晉 註解
市制町村制釈義 附 理由書〔明治21年6月発行〕／清岡公張 題字　樋山廣業 著述
市制町村制釈義 附 理由 第5版〔明治21年6月発行〕／建野郷三 題字　櫻井一久 著
市町村制註解 完〔明治21年6月発行〕／若林市太郎 編輯
市町村制釈義 全 附 市町村制理由〔明治21年7月発行〕／水越成章 著述
再版増訂 市制町村制註釈 附 市制町村制理由 増補再版〔明治21年7月発行〕／坪谷善四郎 著
市制町村制義解 附 理由〔明治21年7月発行〕／三谷軌秀 馬袋鶴之助 著
傍訓 市制町村制註解 附 理由書〔明治21年8月発行〕／鱠江貞雄 註解
市制町村制註釈 附 市制町村制理由 3版増訂〔明治21年8月発行〕／坪谷善四郎 著
傍訓 市制町村制 附 理由書〔明治21年8月発行〕／同盟館 編
市町村制正解 明治21年第3版〔明治21年8月発行〕／片貝正晉 註釈
市制町村制註釈 完 附 市制町村制理由 第2版〔明治21年9月発行〕／山田正賢 著述
傍訓註釈 日本市制町村制 及 理由書 第4版〔明治21年9月発行〕／柳澤武運三 註解
鼇頭参照 市町村制註解 完 附 理由書及参考諸令〔明治21年9月発行〕／別所富貴 著述
市町村制問答詳解 附 理由書〔明治21年9月発行〕／福井淳 著
市制町村制註釈 附 市制町村制理由 4版増訂〔明治21年9月発行〕／坪谷善四郎 著
市制町村制 並 理由書 附 直接間接税類別 及 実施手続〔明治21年10月発行〕／高崎修助 著述
市町村制釈義 附 理由書 訂正再版〔明治21年10月発行〕／松木堅葉 訂正　福井淳 釈義
増訂 市制町村制註解 全 附 市制町村制理由挿入 第3版〔明治21年10月発行〕／吉井太 註解
鼇頭註釈 市町村制俗解 附 理由書 増補第5版〔明治21年10月発行〕／清水亮三 註解
市町村制施行取扱心得 上巻・下巻 合冊〔明治21年10月・22年2月発行〕／市岡正一 編纂
市制町村制傍訓 完 附 市制町村制理由 第4版〔明治21年10月発行〕／内山正如 著
鼇頭対照 市町村制解釈 附理由書及参考諸布達〔明治21年10月発行〕／伊藤寿 註釈
市制町村制俗解 明治21年第3版〔明治21年10月発行〕／春陽堂 編
市町村制正解 明治21年第４版〔明治21年10月発行〕／片貝正晉 註釈
市町村制講義録 第壱號-第弐號 合本〔明治21年10月発行〕／片貝正晉 註釈
市制町村制註釈 完 附 理由書 初版〔明治21年11月発行〕／綾井武夫 校閲 殿木三郎 註釈
市制町村制詳解 附 理由 第3版〔明治21年11月発行〕／今村長善 著
町村制実用 完〔明治21年11月発行〕／新田貞橘 鶴田嘉内 合著
町村制精解 完 附 理由書 及 問答録〔明治21年11月発行〕／中目孝太郎 磯谷群爾 註釈
市町村制問答詳解 附 理由 全〔明治22年1月発行〕／福井淳 著述
訂正増補 市町村制問答詳解 附 理由 及 追輯〔明治22年1月発行〕／福井淳 著
市町村制質問録〔明治22年1月発行〕／片貝正晉 編述
傍訓 市町村制 及 説明 第7版〔明治21年11月発行〕／高木周次 編纂
町村制要覧 全〔明治22年1月発行〕／浅井元 校閲　古谷省三郎 編纂
鼇頭 市制町村制 附 理由書〔明治22年1月発行〕／生稲道蔵 略解
鼇頭註釈 町村制 附 理由 全〔明治22年2月発行〕／八乙女盛次 校閲　片野続 編釈
市町村制実解〔明治22年2月発行〕／山田顕義 題字　石黒磐 著
町村制実用 全〔明治22年3月発行〕／小島鋼次郎 岸野武司 河毛三郎 合述
実用詳解 町村制 全〔明治22年3月発行〕／夏目洗蔵 編集
理由挿入 市町村制俗解 第3版増補訂正〔明治22年4月発行〕／上村秀昇 著
町村制市制全書 完〔明治22年4月発行〕／中嶋廣蔵 著
英国市制実見録 全〔明治22年5月発行〕／高橋達 著
実地応用 町村制質疑録〔明治22年5月発行〕／野田籐吉郎 校閲　國吉拓郎 著
実用 町村制市制事務提要〔明治22年5月発行〕／島村文耕 輯解
市町村条例指鍼 完〔明治22年5月発行〕／坪谷善四郎 著
参照比較 市町村制註釈 完 附 問答理由〔明治22年6月発行〕／山中兵吉 著述
市町村議員必携〔明治22年6月発行〕／川瀬周次　田中迪三 合著
参照比較 市町村制註釈 完 附 問答理由 第2版〔明治22年6月発行〕／山中兵吉 著述
自治新制 市町村会法要談 全〔明治22年11月発行〕／高嶋正載 著述　田中重策 著述
国税 地方税 市町村税 滞納処分法問答〔明治23年5月発行〕／竹尾高堅 著
日本之法律 府県制郡制正解〔明治23年5月発行〕／宮川大壽 編輯
府県制郡制註釈〔明治23年6月発行〕／田島彦四郎 註釈
日本法典全書 第一編 府県制郡制註釈〔明治23年6月発行〕／坪谷善四郎 著
府県制郡制義解 全〔明治23年6月発行〕／北野竹次郎 編著
市町村役場実用 完〔明治23年7月発行〕／福井淳 編纂
市町村制実務要書 上巻 再版〔明治24年1月発行〕／田中知邦 編纂
市町村制実務要書 下巻 再版〔明治24年3月発行〕／田中知邦 編纂
米国地方制度 全〔明治32年9月発行〕／板垣退助 序 根本正 纂訳
公民必携 市町村制実用 全 増補第3版〔明治25年3月発行〕／進藤彬 著

信山社